스위스

SWITZERLAND

스위스

SWITZERLAND

켄들 헌터 지음 ㅣ **박수철** 옮김

세계의 **풍습과 문화**가
궁금한 이들을 위한
필수 안내서

세계 문화 여행 _ 스위스

발행일 2023년 2월 20일 개정판 1쇄 발행
지은이 켄들 헌터
옮긴이 박수철
발행인 강학경
발행처 시그마북스
마케팅 정제용
에디터 최연정, 최윤정
디자인 우주연, 김문배, 강경희

등록번호 제10-965호
주소 서울특별시 영등포구 양평로 22길 21 선유도코오롱디지털타워 A402호
전자우편 sigmabooks@spress.co.kr
홈페이지 http://www.sigmabooks.co.kr
전화 (02) 2062-5288~9
팩시밀리 (02) 323-4197
ISBN 979-11-6862-104-6 (04900)
       978-89-8445-911-3 (세트)

CULTURE SMART! SWITZERLAND

스위스 전도

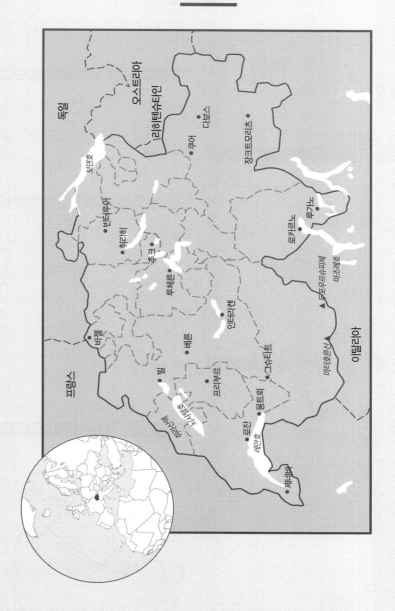

차   례

06   여가생활

07   여행, 건강 그리고 안전

08   비즈니스 현황

09   의사소통

엽서 속의 경치, 초콜릿과 치즈, 얼굴 없는 은행업자들, 청결한 거리 따위의 선입견은 곤란하다. 스위스의 참모습은 결코 무미건조하지 않다. 유럽 대륙 중심에 위치한 이 작은 산악 내륙국은 놀라움으로 가득한 나라이다. 스위스인들은 마치 성공의 대가를 치르듯이 오해에 시달릴 때가 많다. 스위스인들은 중립성, 고립주의, 경제적 부 같은 요인 때문에 건방져 보이고, 기존의 생활 수준을 고수하려는 사람들처럼 보인다. 사실 그들이 누리는 번영은 어렵게 성취한 것이다. 스위스도 가난한 나라일 때가 있었다. 자존심 세고 근면하며 공정하고 창의적이지만, 스위스인들은 지금까지 평판이 그리 좋지 못했다.

　오늘날의 스위스는 평화와 다문화적 협력의 모범 사례이지만, 역사적으로 여러 분쟁에 시달렸다. 스위스 용병은 주요 수출품이었다. 다양한 사회적·지역적 집단들이 단결해 공동의 적을 상대하도록 이끌었던 13세기와 14세기의 비범한 실천력은 오늘날까지 연방을 지탱하고 있는 접착제이다. 지방 분권적 정치 구조 때문에 스위스의 각 주^州(칸톤)는 대체로 자치권을 보유하고 개성을 유지한다. 이 풀뿌리 민주주의 사회에서 진정한 권력은 빈번한 투표를 통해 직접적으로 권력을 행사하는 국민에게 있다. '스위스다움^{Swissness}'은 무엇보다도 독립 정신과 공동체적 참여의 정신이다.

사생활 영역에서 스위스인들은 누구 못지않게 활발하고 민감하다. 그들은 개별성을 존중한다. 따라서 명확한 사고와 솔직한 발언을 높이 평가하지만, 대립은 피한다. 그들은 결코 타인의 영역을 침범하지 않는다. 하지만 상대방이 요청하면 기꺼이 도움의 손길을 내밀 것이고, 여러분도 어렵지 않게 그들의 온정과 품위, 재치와 지성을 느낄 수 있을 것이다.

『세계 문화 여행_스위스』에는 이 수수께끼 같은 나라의 인간적 측면이 드러나 있다. 이 책에서 저자는 스위스의 간략한 역사를 소개하고, 스위스인의 가치관과 사고방식을 살펴보며, 축제와 전통의 문화적 연속성을 조명한다. 이 책은 스위스인의 삶과 스위스 사회의 다채로운 양상을 두루 탐색하는 데 도움이 될 것이다. 이 책에는 스위스인과의 만남, 여러 상황에서의 행동 요령, 결례를 피하는 방법에 관한 조언도 담겨 있다. 스위스인의 가정생활, 스위스인이 중시하는 가치, 일하고 휴식을 취하는 방식, 외국인을 보는 시각에 대한 설명도 담겨 있다. 아울러 스위스의 기업 문화에 대한, 더 넓게는 의사소통 방식의 차이에 대한 중요한 식견도 찾아볼 수 있다. 이 모든 내용은 여러분이 이 매력적인 사회의 숨은 보석을 발견할 수 있는 출발점이 될 것이다.

공식 명칭	스위스 연방(Swiss Confederation)	콘포이데라티오 헬베티카
언어별 국가명	슈바이체리셰 아이트게노센샤프트(독일어), 콩페데라시옹 쉬스(프랑스어), 콘페데라치오네 스비체라(이탈리아어), 콘페데라치운 주비츠라(로만슈어)	약칭 : 슈바이츠(독일어), 쉬스(프랑스어), 스비체라(이탈리아어), 주비츠라(로만슈어)
수도	베른(독일어 표기 : Bern, 프랑스어 표기 : Berne)	
주요 도시	취리히, 제네바, 바젤, 루체른, 로잔, 루가노	
면적	4만 1,285km²	
기후	온대 기후. 고도에 따라 다르다. 겨울은 춥고 비와 눈이 내린다. 여름은 지역에 따라 선선하거나 따뜻하며 구름이 많고 습도가 높기도 하다. 가끔 소나기가 내린다. 남부 지방은 지중해성 기후를 띤다.	
통화	스위스 프랑(CHF 혹은 sFr.)	
인구	857만 명	세계에서 인구밀도가 가장 높은 나라 가운데 하나이다.
언어별 인구	독일어 : 63.6%, 프랑스어 : 20.4%, 이탈리아어 : 6.5%, 로만슈어 : 0.5%, 기타 언어 : 9%	
종교별 인구	로마가톨릭교 : 41.8%, 개신교 : 35.2%, 이슬람교 : 4.3%, 정교회 : 1.8%, 기타 기독교 : 0.2%, 유대교 : 0.2%, 그 밖의 교회와 교파 0.8%, 무교 : 15.7%	

정부	26개 주로 구성된 연방공화제(20 개는 정식 주, 6개는 반주). 의회(연방 의회)는 상원인 전주의회, 하원인 국민의회으로 구성된 양원제이다.	행정부는 의회가 선출하는 7명의 장관으로 구성된 연방평의회이 고, 대통령은 정부 수반이자 국가 원수이다.
매체	스위스방송협회(SRG, SSR)는 비영 리 회사이자 공영 방송사로 독일 어, 프랑스어, 이탈리아어, 로만슈 어의 4개국어로 방송한다.	지역 및 전국 단위의 여러 신문과 잡지가 있다. 독일어로 발행되는 <노이에 취리허 차이퉁>과 프랑 스어로 발행되는 <르 탕>은 최고 권위지로 꼽힌다.
영어 매체	국내외의 소식을 전달하는 스위 스국제라디오(SWI)가 있다.	<스위스뉴스>는 영어 사용자들 에게 스위스 관련 소식을 보도한 다. 스위스 주재 외국인 잡지로는 <크림>(취리히), <GEM>(제네바)을 꼽을 수 있다.
전압	220V, 50Hz	3구 플러그 사용
인터넷 도메인	.ch	
전화	국가번호는 41이다.	
시간대	우리나라보다 8시간 느림	

01

영토와 국민

스위스는 유럽에서 가장 작은 나라 가운데 하나이고, 세계에서 인구밀도가 제일 높은 나라에 속한다. 면적은 4만 1,285km²에 불과하다. 남북 길이는 220km이며, 기차로 약 4시간, 자동차로 3시간이 걸린다. 동서 길이는 350km이다. 남북을 종단하든 동서를 횡단하든 간에 무척 아름답고 대조적인 경치가 펼쳐질 것이다.

개관

스위스는 유럽에서 가장 작은 나라 가운데 하나이고, 세계에서 인구밀도가 제일 높은 나라에 속한다. 면적은 4만 1,285km²에 불과하다(독일과 프랑스의 면적은 각각 35만 6,974km²와 54만 3,965km²이다). 남북 길이는 220km이며, 기차로 약 4시간, 자동차로 3시간이 걸린다. 동서 길이는 350km이다. 남북을 종단하든 동서를 횡단하든 간에 무척 아름답고 대조적인 경치가 펼쳐질 것이다.

스위스의 인구는 약 870만 명이고, 인구밀도는 1km²당 212명이다. 스위스 인구의 74%가 도시에, 26%가 농촌에 살고 있다.

주변 강대국의 문화가 반영된 여러 언어권역으로 구성된 스위스는 얼핏 특이하고 인위적인 독립체 같아 보인다. 스위스에 대해 잘 모르는 사람들은 다음과 같이 묻는다. "이 모든 요소가 어떻게 하나가 되었을까?" 지극히 효율적으로 운영되는 나라의 역동적이고 협조적이며 책임감 있는 시민이 되려고 애쓰지 않았다면 아마 스위스인들은 지금도 이 질문을 스스로에게 던지고 있을 것이다. 이 독특한 공화국의 탄생 과정에는 스위스인 자체, 지리적 요소, 외부 세력의 영향과 같은 수많은 요인이 작용했다.

스위스는 국경 안에서 자연스럽게 발전했고, 지금도 유럽 대륙에서 나름의 방식대로 꾸준히 전진하고 있다. 이것은 스위스가 오늘날 유럽을 세계 잡아당기는 정치적 흐름에 영향을 받지 않는다는 말이 아니다. 다만 주변국들의 불신으로 빚어진 스위스의 지정학적 위치와 역사를 강조하고 싶을 따름이다. 스위스인을 하나의 국민으로 묶는 공통점은 항상 뚜렷하

스위스 남부 베른 알프스에 있는 그림젤 패스

게 드러나지는 않는다. 아마 스위스적 정체성의 역설은 "하나이지만 서로 다른"이라는 경구로 가장 적절히 표현될 것이다. 특유의 다양성에도 불구하고 스위스는 오늘날 세계에서 가장 안정적인 민주 국가로 자리 잡았다.

기후

스위스의 기후는 무척 다양하다. 스위스는 유럽의 주요 기후대인 해양성 기후대, 북유럽 기후대, 지중해성 기후대, 대륙성 기후대의 교차점에 있다. 티치노주의 도시 아스코나는 스위스에서 해발 고도가 가장 낮은 지대(196m)에 자리 잡고 있다. 아스코나의 기후는 지중해성 기후와 흡사하다. 심지어 야자수도 있다. 스위스에서 가장 높은 지점인 해발 4,634m의 두포우르슈피체에는 한대 기후가 나타난다. 일직선으로 70km만 이동하면 아스코나와 두포우르슈피체 사이의 극단적인 기후 차이를 확인할 수 있다. 알프스산맥에서 가장 높은 산 가운데 하나이자 스위스에서 가장 유명한 산은 아마 마터호른산일 것이다. 마터호른산은 남부의 건조한 산악 지대인 발레주에 있다.

하지만 이 지역의 계곡 속으로 들어가면 곳곳에서 살구, 체리, 토마토, 포도 따위를 발견할 수 있을 것이다. 스위스의 평균 기온은 여름의 경우 대략 20~25°C, 겨울의 경우 2~6°C이다.

【뢴】

'헤어드라이어'를 뜻하기도 하는 독일어 뢴^{Fohn}은 알프스산맥의 풍하측 경사면을 따라 내려가는 고온 건조한 바람이다. 뢴 현상은 1년 중 어느 때나 나타날 수 있지만, 봄과 가을에 가장 자주 발생한다. 대체로 청명한 하늘에 독특한 활 모양의 구름이 보일 때 나타나는 뢴이 불어오면 갑자기 기온이 오르고 대기 상태가 바뀐다. 뢴 현상에 따른 기상 변화는 두통과 불안감을 유발하는 효과가 있다고 한다. 따라서 뢴은 모든 문제의 원인으로 지목되기도 한다.

쥐라산맥과 알프스산맥 사이의 프랑스어권에서는 세차고 차가운 바람인 비즈^{Bise}가 겨울이나 봄이나 가을에 북쪽이나 북동쪽이나 동쪽에서 불어올 수 있다. 특히 겨울에 부는 바람인 비즈 느와르^{Bise Noir}는 비나 눈이나 싸라기눈을 동반하면서 우울한 분위기를 연출한다.

지리적 특징

스위스는 지리적 관점에서 세 지역(쥐라산맥, 중앙고지, 알프스산맥)으로 나눌 수 있다. 쥐라(켈트어로 '숲'이라는 뜻)산맥은 레만호에서 라인강까지 뻗어 있고, 프랑스 동부와 독일 남부에 이르는 석회암 산맥이다. 이 아고산지대亞高山地帶는 스위스 전체 국토 면적의 약 10%를 차지한다. 이 지대의 평균 해발 고도는 700m이다. 쥐라산맥은 여러 강의 골짜기가 뻗어 있는, 그림 같이 아름다운 고지대이다. 쥐라기라는 지질학적 시대의 명칭은 18세기

베른주 칸데르스테그 남쪽에 있는 가스테른 계곡

후반에 학자들이 연구한 이곳의 암석에서 유래했다.

중앙고지는 레만호와 보덴호 사이의 지역을 가리킨다. 평균 고도는 580m이고, 스위스 전체 국토 면적의 30%를 차지한다. 이 지역은 인구의 대다수(3분의 2)가 거주할 뿐 아니라 산업, 교통, 농업, 목축업의 중심지이기도 하다.

알프스산맥은 스위스의 중부와 남부 지역에 걸쳐 있다. 알

프스산맥은 아마 외국인 여행자들이 스위스적 정체성과 가장
밀접하게 결부시키는 물리적 특징을 지닌 지역일 것이다. 평균
고도는 1,700m로 약 200km에 걸쳐 있으며 전체 국토 면적의
3분의 2 정도를 차지한다. 알프스산맥은 전체 인구의 11%만
살고 있지만 관광객의 60%가 몰려드는 곳이다. 론강, 라인강
상류, 로이스강, 티치노강 등이 알프스산맥을 가로지르며 흐

른다.

스위스에는 무려 1,500개의 호수가 있다. 가장 큰 호수로는 레만호, 보덴호, 뇌샤텔호, 루체른호, 마조레호, 취리호 등을 꼽을 수 있다. 스위스는 유럽 담수 공급원의 6%를 맡고 있다.

스위스에는 사실상 천연자원이 전혀 없다. 서유럽에서 경작지의 비율이 가장 낮은 나라에 속하고, 전반적으로 농가 수가 감소하는 추세이다. 그러나 대규모 농가는 늘어나고 있다. 노

· 거리감 ·

특히 외국인은 스위스인의 거리감에 적응할 필요가 있다. 스위스인 여자 친구와 함께 자동차를 몰고 시골로 나간 어느 운 없는 미국 남자가 30~40분 정도 운전을 하다가 말했다. "취리히 지역은 정말 아름답군." 그러자 여자 친구는 어리둥절해졌다. 사실 두 사람은 이미 서너 개의 주를 거쳐 왔고, 지금은 취리히에서 아주 멀리 떨어진 지역을 지나가는 중이었다. 아차 싶었던 미국 남자는 이렇게 결론을 내렸다. "정말 눈 깜박할 사이에 주 경계선이 지나가는군. 현재 위치를 파악하려면 'XX주에 오신 것을 환영합니다'라는 표지판을 놓치지 말아야겠어."

동 인구의 6%가 농업에 종사하고, 식량의 3분의 1 정도를 수입한다. 국토의 대부분이 경작에 부적합하기 때문에 농경지의 4분의 3이 목초지와 목장으로 쓰인다. 곡물과 채소는 저지대에서 재배된다. 전체 농가의 약 3분의 1이 작물 생산에 종사한다. 저지대에는 대규모 숲이 없지만, 아예 숲이 없는 지역도 없다.

자국의 영토가 워낙 작기 때문에 스위스인들은 자동차로 횡단하는 데 4~5시간 넘게 걸리는 나라들을 신기하게 여긴다. 간혹 작은 영토에 대해 자격지심을 갖고 있는 것처럼 보이는 경우도 있다. 그들은 웅장한 산맥의 규모와 시골 지역의 다양성을 대수롭지 않게 여긴다. 하지만 스위스는 가지각색의 문물과 자연 경관을 접할 수 있는 나라이다. 자동차로 한두 시간만 이동하면 서로 다른 문화, 언어, 전통, 건축물, 풍경을 경험할 수 있고, 심지어 주변국까지 가볼 수 있다.

언어

1937년부터 지금까지 스위스에서는 독일어, 프랑스어, 이탈리아어, 로만슈어 등 4개의 국어가 쓰였다(로만슈어는 현존하는 언어 가운데 고대 라틴어와 가장 가까운 후계어이다). 이 중에서 독일어와 프랑스어와 이탈리아어는 공용어이다. 이 3개의 언어는 의회, 연방정부, 군대에서 동등한 지위를 누린다. 로만슈어는 공용어에 속하지 않기 때문에 스위스의 모든 법률을 로만슈어로 번역할 필요는 없다. 스위스의 각 언어권은 이웃 나라와 밀접한 유대를 맺고 있지만, 그 관계는 다소 양면적이다. 스위스인들은 이웃 나라 문화에 대한 친화성을 나타내는 동시에 거부감도 드러낸다. 주변 국가의 문화가 스위스적 정체성을 위협하는 듯하기 때문이다. 스위스의 언어별 인구는 독일어 62%, 프랑스어 22.9%, 이탈리아어 8.2%, 로만슈어 0.5%, 기타 언어 5.8%이다.

학교는 스위스의 국민 통합에 핵심적인 역할을 한다. 모든 어린이는 늦어도 일곱 살에는 학교에서 제2국어를 배워야 한다. 그런데 2004년에 학교에서 두 가지 언어를 추가로 배워야 한다고 결정되자 독일어권에 속하는 주들은 제2언어로 프랑스어나 이탈리아어가 아닌 영어를 우선시했다. 독일어권의 그런 움직임은 나머지 언어권의 주민들에게 좋은 평가를 받지 못했다.

【 독일어권 】

독일어권은 스위스에서 가장 규모가 큰 언어권이다. 오랫동안 도시와 농촌에서 매우 독특한 여러 가지 알레만어가 쓰인 지역이기도 하다(알레만어는 오늘날에도 남아 있다). 독일어를 구사하는 스위스인들은 학교에서 세련된 공용어인 고지독일어[High German]를 배운다. 그들은 고지독일어를 '문어체 독일어'로 부른다. 그들에게 고지독일어는 언제나 낯선 언어이다. 일반적인 대화에서 그들은 지역별로 크게 다른 구어체 일상어를 쓴다. 슈비처뒤치[Schwyzerdutsch], 즉 스위스 독일어로 알려진 이 방언의 문법과 모음의 뿌리는 중세 고지독일어까지 거슬러 올라갈 수 있다. 19세기부터 스위스 독일어를 사용한 문학 작품이 나왔다. 전국 단위의 라디오와 텔레비전 방송에도 다양한 종류의 스위스 독일어가 등장한다. 스위스 독일어는 교회와 학교에서 얼마간 쓰이기도 한다.

【 프랑스어권 】

프랑스어는 제네바주, 쥐라주, 뇌샤텔주, 보주의 전역뿐 아니라 베른주, 프리부르주, 발레주의 일부분에서도 쓰인다. 프랑스계 스위스인들은 프랑스어권을 가리켜 로만디[Romandie]라고 부르고,

베른주는 프랑스어와 독일어를 사용하는 사람들의 고향이다.

독일인들은 그 지역을 베스치바이츠^{Westschweiz} 로 부른다. 프랑스어권에서는 한때 방언이 쓰였지만, 농촌 지역의 교회와 학교에서는 방언이 금지되었다. 스위스 서부에서 쓰이는 프랑스어는 몇 가지 지역적 특징이 있지만, 그런 특성을 제외하면 프랑스 현지에서 쓰이는 프랑스어와 동일하다.

제네바를 중심으로 활동한 개혁가 장 칼뱅의 개신교적 가르침은 프랑스어권에 속한 여러 주의 문화적 정체성이 형성되는 과정에서 결정적인 역할을 했다. 물론 프랑스계 스위스인들 모두가 개신교 신자는 아니지만 말이다.

【 이탈리아어권 】

이탈리아어는 생고타르, 루크마니에르, 산베르나르디노 같은 고개까지 뻗어 있는 남부의 계곡 지대에서 쓰인다. 이탈리아 어권은 티치노주(프랑스어로는 테생, 독일어로는 테신) 전역, 그리고 그라우뷘덴주의 미소스/카랑카, 베르겔/브레갈리아, 포스키아보 같은 계곡 지대를 포함한다. 그동안 상대적으로 가난했던 스위스 남부 지방은 국제적인 교통로(이를테면 생고타르 고갯길)가 건설되고 관광객이 북쪽에서 몰려들면서 뚜렷한 경제 성장을 누렸지만, 특유의 문화적 정체성을 위협받기도 했다.

농촌에는 아직 다양한 방언이 그대로 남아 있지만, 예술가와 작가들은 이탈리아 북부의 문화 중심지인 밀라노를 동경하는 편이다.

【 로만슈어권 】

기원전 15년에 로마인이 라이티아(오늘날의 그라우뷘덴)의 계곡 지대를 정복하면서 그곳의 원주민들이 로마에 동화되었다. 서로 단절된 여러 계곡에서는 적어도 5개의 독특한 언어 형태가 발전했다(지역의 작은 규모를 감안할 때 이는 특이한 언어 현상으로 볼 수 있다). 각 언어 형태에는 고유한 문어적 전통이 있었고, 이후 몇몇 방언이 추가되었다. 그러나 최근 들어 관광객이 몰려들고 지역 주민들이 경제적 중심지인 독일어권으로 이주하면서 이 목가적 언어는 위기를 맞고 있다. 그동안 행정적 이유뿐 아니라 문화적 이유에서 로만슈어의 침식 과정을 막으려는 여러 차례의 노력이 있었다. 일례로 1982년에는 로만슈 그리슌^{rumantsch grischun}(표준 로만슈어)이라는 단일 문어가 제정되었다.

　세상의 이치가 그렇듯이 소수 언어 집단은 자기 집단의 정치적·경제적 영향력을 강력히 주장해야 할 때가 많다.

간략한 역사

기원전 1000년 쯤에 호전적인 성향의 스위스 원주민들이 서쪽의 켈트 부족에게 침략을 당했다. 켈트 부족 가운데 특히 헬베티아족과 라이티아족은 기원전 400년경부터 서기 400년경까지 스위스 지역을 차지했다. 기원전 107년경 로마인들의 정복 사업이 시작되었다. 기원전 58년에는 율리우스 카이사르, 그리고 이후에는 아우구스투스 황제의 지휘하에 로마인들은 갈리아인(켈트족을 가리키는 라틴어)에 대한 지배를 강화했고, 오늘날의 독일 영토인 북쪽으로 계속 전진했지만, 저항에 막혀 물러서고 말았다. 라인강이 로마 제국의 경계가 되었다. 라인강은 서기 5세기 초반까지 국경의 역할을 맡았다. 켈트족은 곧 로마 문명에 동화되었고, 로마 제국은 도로를 닦고 도시를 세우고 교역로를 뚫으면서 2세기 동안의 평화와 번영을 주도했다. 오늘날 스위스의 여러 산과 강과 장소의 이름에는 헬베티아족과 로마인의 흔적이 남아 있다.

평온과 안정의 시대는 260년에 라인강 북쪽의 침략자 알레마니족이 제국의 방벽을 돌파한 뒤 스위스의 중앙고지에 정착하면서 막을 내렸다. 수적으로 압도했던 알레마니족의 언어가, 즉 스위스 독일어의 조상언어가 토착어를 밀어냈다. 유럽 북부와 동부의 게르만족은 중앙아시아에서 몰려드는 부족에 의해 서쪽으로 밀려나면서 계속 이동했다. 400년경 결국 로마가 군대를 철수시키자 게르만 부족이 그 자리를 차지했다. 서쪽에서는 부르군트족의 정착민들이 기독교와 라틴어를 받아들였고, 남쪽의 알프스산맥 계곡 지대에서는 랑고바르드족과 로만슈어를 쓰는 주민들이 로마와의 문화적 유대를 유지했다. 이때를 기점으로 스위스에서의 언어적 분리 과정이 시작되었다.

로마인을 통해 전래된 기독교는 널리 퍼졌고, 교회는 지주 겸 세속 권력이 되었다. 6세기부터 게르만족의 일파인 프랑크족이 서서히 동쪽으로 움직이면서 부르군트족과 알레마니족을 차례로 복속시켰다. 프랑크 제국의 메로빙거 왕조와 카롤링거 왕조는 장기간 평화 시대를 주도했고, 샤를마뉴 대제의 치세에서 절정을 맞았다. 그는 로마가톨릭교의 위상을 강화했고, 체계적인 수도원 조직망을 만들었으며, 봉건 제도를 도입했다. 토지를 소유한 귀족은 봉건 제도를 통해 장원의 농노에 대한 정치적 권력을 직접 행사했다. 이 시기에는 이렇다 할 만한 '국가'가 없었다. 귀족 전사 계급이 정복, 상속, 결혼 등의 방식으로 권력을 축적했고, 로마식 도시는 쇠퇴했다.

프랑크 왕국의 왕 샤를마뉴 대제

샤를마뉴 대제가 세상을 떠난 뒤 그의 제국이 붕괴함에 따라 분쟁과 불안의 시기가 찾아왔다. 질서는 11세기에 신성 로마 제국에 의해 회복되었다. 신성 로마 제국 치하의 스위스는 합스부르크 왕가를 비롯한 여러 왕조에 의해 통치되었다.

중세 후기인 9세기부터 14세기까지 유럽의 기온이 전반적으로 상승했다(지금보다 기온이 1.5~2.25℃ 정도 높았다). 기온 상승과 더불어 농업 기술이 향상되면서 농업 생산량이 증가했고, 덕분에 더 많은 인구를 부양할 수 있게 되었다. 11세기에 그 새로운 번영의 사회적·경제적 결과는 스위스에서도 감지되기 시작했다. 되살아난 도시생활은 12세기와 13세기까지 지속되었다. 그 시기에는 전문적인 장인들의 동업조합이 출현했고, 부유한 상인 계급이 등장했으며, 알프스산맥을 가로지르는 도로가 건설되었다. 특히 1230년에 열린 생고타르 고갯길과 지중해로 향하는 교역로는 스위스에 엄청난 영향을 미쳤다.

【 스위스 연방 】

12세기와 13세기에 교황과 신성 로마 제국은 유럽의 패권을 다퉜다. 신성 로마 제국의 황제는 투표로 선출되었고, 황위가 공석일 때는 경쟁이 치열했다. 한편 봉건 제도는 서서히 무너지기 시작했다. 대공과 국왕이 봉건 영주의 충성을 받아내면서 특정 민족의 독자적인 왕국이 탄생했고, 결과적으로 제국의 영향력이 축소되었다.

안정적인 정부가 없는 상태에서 다수의 지역 공동체가 스스로 방어 수단을 모색하고 질서를 구축하면서 국가의 기능을 떠맡았다. 스위스의 농민들은 지방 귀족들이 눈여겨보지 않은 불모의 산악 지대를 개척했고, 그곳을 사실상 황제에게

빌헬름 텔은 스위스의 독립 투쟁을 신화적으로 표현했다.

만 책임을 지는 자치 지역으로 탈바꿈시켰다. 농촌 생활공동체가 형성된 우리, 슈비츠, 운터발덴 같은 곳이 바로 그런 지역이었다(이 세 지역은 서로 힘을 합쳐 생고타르 고갯길을 만들었다).

한편 다른 나라들에서는 지배 왕조의 영향력이 커지면서 지역 자치의 흐름이 종식되었다. 유독 스위스에서만 도시민과 농민의 특이한 동맹이 자치적 생활공동체를 유지하는 데 기여했고, 그것이 훗날 스위스라는 국가의 성격을 규정하게 되었다. 심지어 오늘날에도 생활공동체, 즉 게마인데(Gemeinde, 시·군에 해당하는 스위스의 지역 행정 단위-옮긴이)는 스위스의 정치 제도에서 필수적인 역할을 맡고 있다.

당시 합스부르크 가문은 유럽에서 손꼽히는 왕가였다. 1273년 합스부르크 왕가의 루돌프 1세가 신성 로마 제국의 황제로 선출되었다. 그는 황제의 지위를 무기로 오스트리아 공국을 차지했다. 오스트리아에서의 영향력을 탄탄하게 다진 뒤 그는 그동안 대군주들에게 복종하지 않았던 우리, 슈비츠, 운터발덴 등지에 집행관을 파견해 직접적인 통치를 시도했다. 그러자 더 심각한 자유의 침해를 두려워한 세 지역은 방어 동맹을 맺었다. 1291년 루체른호 근처의 목초지인 뤼틀리에서 세 지역 주민들이 상호 지원을 맹세했다. 이제 각 지역은 외부 세

• 빌헬름 텔 이야기 •

우리주는 합스부르크 왕가가 알프스 횡단 교역을 통제하는 데 중요한 지역이었다. 우리주, 슈비츠주, 운터발덴주의 대표들이 뤼틀리 목초지에서 오스트리아의 압제에 저항하기로 맹세한 직후 황제는 집행관 헤르만 게슬러를 우리주의 알트도르프로 보냈다. 게슬러는 중앙 광장에 세워놓은 장대의 꼭대기에 자기 모자를 걸어놓으면서, 앞으로 광장을 지나가는 모든 사람은 모자를 향해 절을 해야 한다고 선언했다.

얼마 지나지 않아 사건이 벌어졌다. 뷔르글렌 인근 출신의 시골 사람이었던 빌헬름 텔(윌리엄 텔)은 무식해서인지 아니면 노골적인 항명인지 몰라도, 모자에 절을 하지 않고 지나가버렸다. 텔은 체포되었고, 게슬러는 석궁의 달인으로 명성이 자자했던 텔에게 석궁으로 아들의 머리 위에 놓인 사과를 맞히라고 명령했다. 사과를 맞히면 텔은 풀려날 것이고, 게슬러의 명령을 거부하면 아들과 함께 죽음을 면치 못할 것이라는 조건이 따랐다. 전설에 따르면 텔은 화살 두 개를 골랐다고 한다. 하나는 화살통에 넣어뒀고, 다른 하나는 석궁에 장전했다. 드디어 아들 머리 위의 사과를 겨냥했고, 시위를 당겼다. 명중이었다. 충격과 분노에 휩싸인 게슬러는 화살통에 화살 하나를 넣어둔 까닭을 물었다. 텔은 게슬러를 똑바로 쳐다보면서 입을 열었다. "첫 번째 화살이 아들에게 맞으면 당신에게 쏘려고 남겨둔 것이오." 텔은 다시 체포되었고, 종신형을 선고받았다.

그는 루체른호 북동쪽의 퀴스나흐트에 있는 게슬러의 성에 마련된 지하 감옥에 갇히게 되었다.

퀴스나흐트로 가는 길에 거센 폭풍우가 몰아치면서 노 젓는 사람들이 방향을 잃었다. 그들은 게슬러에게 루체른호의 사정을 잘 아는 텔을 풀어달라고 애원했다. 그들이 보기에 텔은 배를 안전하게 호숫가로 안내할 수 있을 것 같았다. 게슬러가 결박을 풀어주자 텔은 능숙하게 배를 호숫가 가까이로 몰았고, 가까스로 탈출에 성공했다. 텔은 서둘러 퀴스나흐트로 달려갔고, 성으로 향하고 있던 게슬러를 두 번째 화살로 죽였다. 우리주로 돌아온 텔은 동지들에게 외세의 지배에 맞서 자유와 독립 수호의 의지를 고취시켰다.

력의 지배 책동에 공동으로 대처하게 되었다. 스위스 연방이 탄생하는 계기로 평가되는 그 협약에서 세 지역은 군주에 대한 저항을 명시하지는 않았지만, 행정 제도나 사법 제도를 강제하려는 외부 세력의 음모에 단호히 반대했다. 그리고 분쟁의 평화적 해결, 법적 지원의 제공, 강제적 중재의 수용 같은 방안을 확정했다. 외부에서 파견된 집행관은 저항의 대상이었다. 이 기념비적 사건에서 합스부르크 왕가의 통치에 맞선 농민

영웅인 빌헬름 텔의 전설이 시작되었다. 역사적 진실이든 상상력의 소산이든 간에 빌헬름 텔의 이야기에는 스위스인의 자부심과 스위스의 독자성이 응축되어 있다.

스위스 연방은 합스부르크 왕가의 최후를 보지 못했다. 새로운 황제인 합스부르크 왕가의 루트비히가 이끈 군대가 제국의 잃어버린 영토와 권리를 되찾기 위해 출정했다. 1315년 모르가르텐 전투에서 오스트리아 기사들이 스위스 농민군에게 대패했다. 그 의미심장한 승리 이후 40년 동안 다른 공동체들도 연방에 가입하게 되었다.

【 중립성의 뿌리 】

스위스 연방이 1498년에 슈바벤 동맹을 상대로 승리를 거둔 뒤 황제 막시밀리안 1세는 스위스 연방의 실질적 독립을 인정할 수밖에 없었다. 프랑스와 베네치아의 연합군을 상대한 마리냐노 전투가 벌어질 때까지 스위스 연방은 거침없이 확대될 것 같았다. 하지만 스위스 연방의 군대는 이 전투에서 패배했고, 결과적으로 스위스 연방의 군사적 팽창은 영원히 마침표를 찍었다. 마리냐노 전투의 결과는 스위스의 중립 정책이 시작된 계기이기도 했다. 1515년 이후 스위스는 은자 겸 예언자인 니콜라우스 폰 데어 플뤼에의 다음과 같은 명령을 따랐다. "울타리를 너무 멀리까지 치지 마라!"

16세기까지 스위스 연방에는 13개의 주가 있었다. 모든 주는 원칙적으로 신성 로마 제국의 종주권하에 있었지만, 실질적으로는 방어 조약에 따라 결속된 독립공화국이었다. 연방에 참여한 도시와 국가에는 강력한 중앙정부가 없었다. 또한 연방은 가톨릭교 세력과 개신교 세력으로 양분되었다. 따라서 공동의 외교 정책을 수립하기가 무척 어려웠다. 게다가 1291년 서약에 포함된 상호 보호 조항에 따라 내부의 세력 균형이 유지되어야 하기 때문에 주변에서 분쟁이 일어나도 어느 한쪽을 편들 수 없었다. 스위스는 종교 개혁 이후 유럽 전역을 휩쓴 종교 전쟁의 와중에도 중립을 지켰다.

스위스는 중립을 유지했지만, 1633년과 1638년에 외부의 개신교 군대가 쳐들어왔다. 연방국회는 3만 6,000명의 국경 경비대를 관리하는 합동군사평의회를 설치했다. 개신교도와 가톨릭교도로 구성된 그 합동군사평의회 설치 방안의 명칭은 데펜지오날레 폰 빌(국방 헌장)이었다. 스위스가 가담하지 않은 30년 전쟁이 끝날 무렵인 1648년에 신성 로마 제국은 연방의 독립을 최종적으로 인정했다. 스위스의 중립 정책이 공식화되었다.

스위스는 민중의 뜻에 따라 탄생한 국가, 즉 빌렌스나티
온Willensnation으로 불린다. 사실 스위스인에게는 단일한 민족적·
종교적 정체성이 없을 뻔했다. 빌렌스나티온은 30년 전쟁 이
후에 한층 굳건해졌지만 이미 종교 개혁 기간에 정립된 개념
이었다.

【 종교 개혁 】

스위스는 유럽의 양대 개신교 개혁가들의 본거지였다(한 사람
은 독일어권에서, 다른 한 사람은 프랑스어권에서 활동했다). 울리히 츠빙글
리는 취리히의 그로스뮌스터 교회 소속 사제이자 교사였다. 그
는 기독교 국가의 이상을 설파했고, 교회와 국가의 분리를 주
장하면서도 정부 당국이 하나님의 율법을 바탕으로 법률을
만들어야 한다고 촉구했다. 취리히시는 1523년에 종교 개혁을
받아들였고, 츠빙글리는 스위스 방방곡곡에 종교 개혁의 이상
을 전파하고자 열렬히 노력했다. 그러나 개신교 성향의 취리히
와 베른에 주도권을 부여하는 그의 연방 개편안은 농촌 지역
가톨릭교도들에게 반감을 샀고, 결국 그는 1531년에 가톨릭교
성향인 주의 군대와 싸우다 전사했다.

개혁적 신학자 장 칼뱅은 조국인 프랑스에서 가톨릭교회와 절연한 뒤 스위스의 바젤로 망명했다. 그가 종교 개혁의 원칙을 정당화하고자 집필한 저서 『기독교 강요』는 훗날 마르틴 루터의 독일어 성경만큼 지대한 영향을 미쳤다. 루터와 마찬가지로 칼뱅도 성경의 최고 가치를 믿었다. 하지만 칼뱅은 루터보다 더 예정설을 신봉했다. 그는 엄격한 도덕률을 기독교인의 삶의 토대로 봤고, 적절히 정립된 종교적·세속적 권위에 도전하지 말아야 한다고 주장했다. 칼뱅은 목사로 임명된 뒤 제네바시에서 신정 정치를 구현하고자 했지만, 1538년에 민중 봉기가 일어나면서 추방되었다. 1541년 그는 제네바로 돌아와 국가 개혁을 통해 교회의 우월성을 확립했다. '그리스도의 가장 완벽한 학교', 즉 칼뱅이 이끈 신정정부는 개신교 수호의 거점이되었지만, 점점 종교적 이견에 대해 편협한 태도를 보였고, 심지어 이단자를 화형에 처하기도 했다.

종교 개혁의 영향으로 13개 주로 구성된 연방의 동맹 관계가 흔들렸다. 취리히, 바젤, 베른, 뇌샤텔, 제네바처럼 비교적 규모가 큰 도시의 주민들은 개신교를 받아들였지만, 스위스 중부의 보수적인 농촌 지역(전체 인구의 3분의 1이 살고 있었다) 주민들은 로마가톨릭교를 버리지 않았다. 종교가 각 민족의 통합이나 분열을 결정하는 가장 강력한 힘이었던 시절에 스위스의 주변 세력은 거의 가톨릭교를 믿고 있었다. 스위스의 개신교 세력과 독일 영토의 가톨릭교 세력이 반목하면서 스위스 연방과 신성 로마 제국 사이의 틈이 더 벌어졌다.

종교적 갈등은 1656년의 제1차 필메르겐 전쟁과 1712년의 제2차 필메르겐 전쟁으로 비화되었고, 가톨릭교 성향의 주는 프랑스와 잠정적인 동맹을 맺기에 이르렀다. 그러나 독자적인 방식으로 건설된 나라였던 스위스는 외세에 의한 지배를 거부하는 건국 이념을 고수했고, 스위스인들은 결국 국가적 분열의 위기를 넘기고 종교적 관용을 선택했다.

【 현대 스위스의 토대 】

1798년 프랑스 혁명군이 스위스를 침공했고, 나폴레옹은 헬베티아 공화국을 세웠다. 기존의 자치적인 주를 없애고 중앙 집권적인 프랑스식 정부를 세우고자 했던 나폴레옹의 시도는 대대적인 반대에 부딪혔다. 1803년에 중재법이 통과되면서 19개의 주를 포용하는 연방 제도의 원칙이 공인되었다. 스위스에 대한 프랑스의 지배권은 1815년에 나폴레옹이 워털루에서 패배할 때까지 유지되었다. 헬베티아 공화국이 남긴 유산은 오늘날까지 스위스 사회의 기본 요소로 남아 있는 이상인 '공익 추구'를 고양한 점이었다. 스위스인들은 프랑스식 중앙 집권적 국가를 거부했다. 뿐만 아니라 권력을 민중에 이양하지 않으려는 스위스 내부의 부유한 과두 지배 계급에도 저항했다. 나폴레옹의 중앙 집권화 정책에 맞선 공화주의 및 연방주의 세력은 매우 이질적인 지역과 주민 사이의 끈끈한 유대 관계를 만들어냈다.

프랑스에서 시작된 자유주의와 민족주의의 물결이 유럽 곳곳을 휩쓸고 지나갔다. 1840년대에 개신교를 신봉하는 주의 급진 자유주의 세력이 가톨릭교를 믿는 7개 주의 방어 동맹인 '존더분트'를 해체시켰다. 급진 자유주의자들은 7개 주 방어 동맹에게 자유주의적 헌법을 채택하고 수도회를 추방하도록, 그리고 스위스의 모든 주로 구성된 연합체에 가입하도록 압박했다. 1848년 헌법으로 스위스에는 더 중앙 집권적인 정부가 들어섰고, 스위스 경제는 응집력이 한층 강화되었다. 이후 수십 년에 걸쳐 독특한 형태의 스위스식 직접 민주주의(빈번한 국민 투표가 특징이다)가 자리 잡았고, 1874년에는 헌법이 개정되었다. 개정된 헌법에 의하면 충분한 숫자의 시민들이 요구할 경우 새로 제정되는 모든 법안은 국민투표에 회부할 수 있게 되었다. 이 점은 지금도 스위스 정치 제도의 초석으로 남아 있다.

정치가 안정되자 경제와 사회 부문도 안정되었다. 19세기는 괄목할 만한 산업 성장의 시대였다. 천연자원이 부족한 스위스는 고도의 숙련 노동에 의존하는 정밀 산업을 발전시키기 시작했다. 오늘날 스위스가 시계로 유명한 것은 우연이 아니다. 철도와 도로가 건설되면서 알프스산맥 지역으로의 관광길이 열렸고, 새로운 시중은행이 생겨났다.

스위스의 사업가 겸 인도주의자인 앙리 뒤낭은 국제적십자를 설립했다. 그는 이탈리아를 여행한 뒤 회상록을 썼다. 그는 여행에서 특히 프랑스군이 오스트리아군을 격파한 솔페리노 전투의 현장을 둘러봤다. 뒤낭은 수많은 군인들이 부상을 당해 버려진 채 죽음을 맞이하는 모습에 충격을 받았고, 자발적인 구호 기관의 국제적 연결망을 구축하는 방안을 주장했다.

그의 회상록에 주목한 스위스 연방평의회는 1863년에 뒤낭의 제안을 실현하기 위한 방안을 논의하기 위해 국제회의를 후원했다. 1864년 12개 국가가 훗날 국제적십자위원회와 첫 번째 제네바 협약의 기초로 자리 잡을 문서를 승인했다. 1901 년 뒤낭은 국제 중재 제도를 주창한 프랑스의 경제학자 프레데리크 파시와 함께 최초의 노벨평화상을 수상했다.

정부

스위스 연방에는 26개의 자치주가 있다. 26개의 주 가운데 20 개는 정식 주이고 6개는 반주半州(원래는 하나였으나 역사적 이유 등으로 분리된 주-옮긴이), 예를 들면 바젤슈타트주와 바젤란트주이다. 국가 원수와 정부 수반은 대통령이다. 양원제 국회인 연방의회 는 전주의회로 불리는 상원과 국민의회로 불리는 하원으로 구성된다. 전주의회는 46개의 의석(정식 주는 2석씩, 반주는 1석씩 배당된다)을 통해 26개 주를 대표하고, 각 주의 인구에 비례해 의석이 배분되는 국민의회의 의석수는 200석이다. 각 주에는 최소한 1석이 할당된다. 연방의회는 일곱 명의 장관을 뽑아 내각인 연방평의회를 구성한다. 연방평의회는 행정권을 갖는다. 모든 장관의 임기는 4년이다. 해마다 윤번제로 선출되는 대통령과 부통령은 형식적인 직책에 불과하다. 연방평의회는 어떤 결정이 채택되든 간에 모두가 만장일치로 그 결정을 지지해야 한다는 의기투합의 정신에 따라 운영된다. 결과적으로 스위스에는 공식적인 야당이 없다. 가장 직접적인 형태의 스위스식 민주주의의 특징은 국민투표이다. 특정 쟁점을 두고 충분한 숫자의 서명자(5만 명)가 확보되면, 해당 쟁점을 투표에 부쳐질 수 있다.

연방평의회는 1959년 이래 의석수 기준 4대 정당 간의 권력

스위스 의회가 위치한 베른의 연방궁전

분점이라는 '마법의 공식'을 따랐다. 그런데 2003년 10월 총선 거 이후 사정이 바뀌었다. 스위스국민당^{SVP}이 연방 장관직을 1 석 더 얻고, 기독민주당^{CVP}이 1석을 잃으면서 44년 만에 처음 으로 권력 균형에 변화가 찾아왔다.

스위스에서 가장 작은 정치 단위인 3,000개의 게마인데 혹 은 코뮌은 스위스 정치 제도의 필수 불가결한 부분이다. 게마 인데에는 독자적으로 선출한 집행부가 있다. 공동체별로 주민 들은 일반적인 투표를 하거나 마을 회의에서 특정 쟁점의 찬 반을 가리는 더 직접적인 방식으로 정치에 참여한다.

외교 정책

헌법상 스위스는 다른 나라 사이의 분쟁에 대해 중립을 유지 해야 한다. 국제 분쟁에 개입하지 않으려는 정책은 역사적으로 스위스에 중앙 집권 권력이 없었다는 점에 기인한다. 나폴레옹 의 몰락 이후 스위스의 중립성은 국제 문제를 다룬 1815년의 빈 회의에서 유럽 열강들에 의해 공식적으로 인정되었다. 따라 서 스위스는 두 차례의 세계대전에 적극적으로 가담하지 않을 수 있었던 것이다. 만약 중립 정책이 없었다면 제1차 세계대전 당시에 스위스는 프랑스계는 프랑스를, 독일계는 독일을 추종하면서 분열되었을지 모른다. 그런데 제2차 세계대전 때 스위스의 중립성이 흔들렸다. 20세기 후반 스위스는 제2차 세계대전 기간에 맡았던 역할을 둘러싼 신랄한 비판에 시달렸다. 사실 제2차 세계대전 당시 스위스는 유대인 난민을 거의 돕지 않았고, 나치가 유대인에게 빼앗은 것으로 알려진 금을 반입했다.

1986년 스위스인들은 국민투표에서 국제연합[UN] 가입안을 부결시켰다. 유권자의 75%는 국제연합에 가입할 경우 중립성이 훼손될 수 있다는 이유로 반대표를 던졌다. 2002년 3월 스위스인들은 생각을 바꿔 가입을 선택했다. 그것은 "서두르면 망친다"는 경구로 표현되는 스위스적 일 처리 방식의 좋은 본보기였다(국제연합 가입 문제가 다시 투표에 회부되기까지 15년이 걸렸다). 국제연합의 스위스 대표단은 비록 스위스가 마지막 가입국 중 하나이지만, 최초로 직접 민주주의를 통해 가입을 결정한 국가라는 점을 납득시켰다. 공교롭게도 국제연합의 유럽 본부는 1945년 이래 제네바에 있었다.

1992년 프랑스계 스위스인들은 유럽연합[EU] 가입안에 찬성했지만, 경제적·민족적 이유로 가입에 반대한 독일계 스위스인들 때문에 뜻을 이루지 못했다(독일계 스위스인들은 유럽 내부의 독일어권에서 소수 집단으로 전락할 가능성을 우려했다). 직접 민주주의와 스위스인의 독립 정신은 유럽연합 가입에 반대하는 추진력으로 작용해왔다.

스위스는 여전히 유럽 대륙에서의 '특별 사례'를 주장하고, 유럽연합과의 느슨한 관계를 유지하고 있다. 1999년에 자유로운 인적 이동을 포함한 상호 합의가 체결되었지만, 2년 뒤에 스위스 유권자들은 '가입 찬성Yes to Europe!' 운동에 힘입어 열린 국민투표에서 가입안을 부결시켰다. 2008년에 스위스는 셍겐 조약뿐 아니라 더블린 조약의 당사국이 되었지만, 아직 유럽 국가 연합체와의 관계는 협상하고 있는 중이다.

유럽연합과의 관계는 2014년에 스위스인들이 국민투표에서 유럽연합 출신의 이주자 할당제를 통과시키자 위기를 맞았다. 그 국민투표 결과는, 1999년 이래 유럽연합과 스위스 사이에서 도출된 모든 협정이 유럽연합 회원국 국민들의 자유로운 이동을 제한하는 단서 조항에 따라 무효화될 것이라는 의미였다. 공무원들이 외국을 근거지로 활동하는 구직자들보다 스위스를 근거지로 활동하는 구직자들(스위스인들과 외국 국적자들 모두) 에게 우선권을 주도록 의무화한 2016년 법은 그런 쟁점을 제 기하는 데 일조했다. 유럽연합 시민들의 이동에 제한을 가하 지 않는 동시에 국민투표 결과를 존중할 수 있는 완전한 해결 책은 아직 마련되지 않았다. 스위스 정치계 전반에 걸쳐 유럽 연합의 규제 조치에 반대하는 기류가 형성되어 있다.

스위스 경제는 수출 주도형이고, 국제 시장에 의존하고 있 다. 비유하자면 스위스 프랑 두 개 중 하나는 수출을 통해 벌 어들인 것이다. 스위스의 전체 수출액에서 대對유럽연합 수출 액이 차지하는 비중은 5분의 3이고, 전체 수입액에서 대對유럽 연합 수입액이 차지하는 비중은 5분의 4이다.

주요 국제기구에 가입하는 문제를 둘러싼 미온적 태도에도 불구하고 스위스는 다른 나라들과 튼튼한 정치적·경제적 유 대 관계를 유지했다. 스위스는 다양한 국제기구에 가입했고, 앞서 살펴봤듯이 2002년에 공식적으로 국제연합에 가입하기 전에 이미 국제연합 지역 본부를 제네바에 유치한 바 있다.

1960년 스위스는 유럽자유무역연합EFTA에 창립 회원국으로 참여했다. 1963년에는 유럽이사회에 가입했고, 1975년에는 유 럽안보협력기구OSCE에 가입했다. 경제협력개발기구OECD의 회원

국이기도 하다. 1992년부터 세계은행^{IBRD}과 국제통화기금^{IMF}의
회원국으로 활동하고 있다.

“스위스는 국제연합이 지향하는 목표인 굳건한 민주적 토대
위에 서 있는 평화로운 다문화 사회의 생생한 본보기이다.”

코피 아난

오늘날의 스위스인

스위스인들은 직접 민주주의 제도, 인도주의적 전통, 정치적
중립성을 대견해하지만, 오늘날 변화하는 세계 속에서 정체성
을 재정립해야 하는 과제가 있다. 유럽 각국의 경계가 느슨해
지면서 특별 사례로 남기가 예전만큼 쉽지도 실리적이지도 않
게 되었다. 스위스 국내외에서 극우 세력의 부상은 현실로 다
가왔고, 외국 출신 난민과 망명 신청자가 꾸준히 늘고 있다.
스위스인들은 과거의 확실성이 퇴색하고 있다는 점을 깨닫는
중이다.

스위스 주요 도시의 거리에서는 영어뿐 아니라, 예를 들어

코소보나 북아프리카에서 쓰이는 언어를 심심찮게 들을 수 있다. 시골 마을의 목가적 경치 속에 자리 잡은 100만 달러짜리 저택 바로 곁에는 난민들이 갑갑한 임시 거처에 머물고 있다. 언어 교육 같은 프로그램을 통한 이주자 집단의 통합 작업은 정부와 지원 단체의 우선 과제지만, 대다수 난민은 아직 주변의 공동체와 격리된 채 살아간다. 일을 할 수 없는 데다 무일푼에 가깝기 때문에 난민들은 망명 신청 평결을 기다리는 과정(몇 달이 걸릴 수 있다)에서 소외되고 범죄율 증가의 원인으로 지탄받는다. 이러한 인구 유입에 직면한 스위스인들은 각자의 정치적 신념과 관계없이 전통적 가치와 오랫동안 간직해온 믿음을 재검토해야 한다. 무엇이 가장 공익에 보탬이 되는지는 결코 간단하지도 명확하지도 않다. 지금까지 그들에게 응집력은 성공의 필수 조건이 아니었다. 현재 상황에서 스위스인들은 당면한 도전 과제를 극복하기 위해 한층 더 노력해야 할 것이다.

도시

정치적·사회적·경제적·환경적 요인, 개인적 안전, 건강, 교육,

교통, 기타 공공서비스 등을 비롯한 39개 기준에 따라 215개 국가를 대상으로 2015년에 실시한 삶의 질 조사에서, 취리히 는 세계 2위, 제네바는 8위, 베른은 13위로 평가되었다. 스위 스 도시들의 특징은 압도적인 지평선이나 거대한 도심부가 아 니다. 스위스 대도시의 도심부에도 소도시의 분위기가 감돈다. 스위스의 비교적 큰 도시들은 사실 소규모의 외곽 지대를 끌 어안으면서 불규칙적으로 뻗어나 있는 광역도시권이다.

각 게마인데 또는 코뮌에서의 자치 덕분에 주민들의 비교적 활발한 정치 참여가 가능하다. 사실 주민들의 정치 참여는 자 치의 필수 요소이다. 역사적으로 스위스는 가장 규모가 작은 정치 단위의 독자성을 매우 존중해왔고, 지방 정부는 각 도시 의 교외와 공동체가 매우 다원적인 사회의 생식 세포가 될 수 있도록 유도한다. 이처럼 높은 지방 자치의 수준에서 스위스 인들이 유럽연합에 가입하기를 주저하는 이유를 짐작할 수 있 다. 스위스인들은 현재의 지방 자치를 유지하고 싶어 한다.

스위스의 수도이자 정부 소재지는 중세 도시 베른이다. 베 른은 알베르트 아인슈타인이 스위스 특허청에서 일하는 동안 상대성 이론을 고안한 곳이었다. 또한 토블론 초콜릿과 에멘탈 치즈의 본고장으로도 유명한 도시이다.

2019년 삶의 질 지수 순위에서 취리히는 세계에서 살기 좋은 두 번째 도시로 선정되었다.

취리히는 스위스 최대의 도시로 국제 금융, 산업, 상업 등의 중심지이다. 취리히 시민들은 스위스의 다른 도시 사람들에게 꽤 거만하다는 평가를 받지만, 최신 동향에 특히 민감하다는 평가도 있다. 취리히에는 스위스에서 가장 많은 박물관이 있다. 이 도시에서는 전시회와 박람회도 자주 열린다. 취리히의 홍보 문구는 "취리히, 스위스의 중심"이다.

취리히에서 불과 15분 거리에 있는 빈터투어는 음악과 연극 활동을 적극적으로 후원하는 소도시이다.

라인강의 항구도시 바젤은 스위스와 프랑스와 독일의 국경이 만나는 지점에 위치해 있다. 이 도시는 화학 및 제약 산업의 중심지이다. 이곳의 대학교는 1460년 교황 비오 2세에 의해 설립되었고, 그 무렵 바젤은 인문주의 학문의 본거지였다. 화가 한스 홀바인은 바젤에서 명성을 쌓았다. 신학자이자 인문학자인 에라스무스는 1521년부터 종교 개혁 초반부인 1529년까지 바젤에 거주했다. 오늘날 바젤은 재즈 음악가들이 왕성한 활동을 펼치는 곳으로 유명하다.

루체른호 가장자리에 있는 루체른은 유명한 스위스 교통박물관의 소재지이고, 독특하고 인상적인 카페와 의상실로 명성이 자자한 도시이다.

추크는 조세 피난처이고, 여러 다국적 기업이 이 도시에 등록되어 있다. 쿠어는 취리히와 밀라노의 중간쯤에 있는 도시로 최상의 쇼핑을 경험할 수 있는 곳으로 알려져 있다. 역사가 깊으면서도 개성이 뚜렷한 도시이다.

빌(프랑스어로는 비엔)은 공용어로 프랑스어와 독일어가 모두 쓰이는 곳이다. 시계 제조업의 중심지로 오메가와 롤렉스의 본거지이기도 하다.

프리부르(독일어로는 프라이부르크)는 현대적인 감각의 중세 도시이고, 친근하면서도 편안한 곳이다. 프랑스어와 독일어를 공용어로 쓰는 대학교의 소재지로 유명하다.

칼뱅주의의 발상지이자 장 자크 루소의 출생지인 제네바(프랑스어로는 주네브)는 스위스에서 두 번째로 큰 도시이다. 국제연합, 국제적십자, 세계보건기구^{WHO} 등의 유럽 본부를 비롯한 200개 이상의 국제기구의 본부가 있다.

레만호 북쪽 기슭에 자리한 로잔은 스위스에서 가장 아름다운 도시로 꼽힌다. 국제 올림픽 박물관이 있고, 대규모의 반문화反文化 행사를 지원하는 도시이기도 하다.

뇌샤텔은 스위스에서 가장 수준 높은 프랑스어로 유명한 도시이다(다수의 외국인이 뇌샤텔에서 프랑스어를 배운다). 여러 다국적

기업의 근거지이기도 하다.

레만호 동쪽 끝에 위치한 몽트뢰는 해마다 열리는 세계적 명성의 재즈 축제가 없다면 아마 상당히 따분한 곳으로 치부될지 모른다. 물론 아름다운 도시이다. 특이한 미세기후 때문에 이곳은 스위스의 '리비에라(프랑스와 이탈리아의 지중해 연안 지대 - 옮긴이)'라고 불린다.

스위스 국내의 어느 조사에 의하면 빌은 프랑스어권 스위스에서 삶의 질이 가장 높은 곳이라고 한다.

루가노는 이탈리아어권에 속하는 루가노호 연안의 활기차고 멋진 휴양지이지만, 해마다 야외 영화제가 열리는 마조레호 연안의 도시 로카르노 같은 '인기 관광지'는 아니다.

02

가치관과
사고방식

스위스인들은 법을 지키지 않으면 사회가 효율적으로 작동하기 힘들 것으로 여긴다. 트램에서 차표를 검사하는 경우는 드물지만 승객들은 어김없이 차표를 구입한다. 젊은이들은 간혹 옆자리에 발을 올려둘 때도 있지만, 그래도 진흙이 묻은 신발 밑에 신문지를 깐다! 운전자들은 신호등을 만날 때나 30초 이상 정차할 때 배기가스 방출량을 줄이기 위해 시동을 끈다.

하나이지만 서로 다른

스위스의 역사는 서로 다른 언어와 종교 같은 결정적 요인이
민주적 국민국가 건설에 항상 방해가 되는 것은 아니라는 점
을 보여주는 증거이다. 스위스의 지정학적 구조를 더 면밀히
살펴볼 때 이 점은 명백한 사실이다. 주 사이의 경계는 흔히
종교적·언어적 영역을 표시하고, 대부분의 경계는 다수 집단
인 개신교도나 가톨릭교도에 의해 생겨났다. 종교적·사회적·
경제적 차이의 결과로 스위스에는 내부의 두 공동체에 의해
'반주半州'로 양분된 지역이 있다. 사실 가장 최근에 독립한 쥐
라주는 1979년에 베른주와 결별하면서 탄생했다. 하지만 전
반적으로 스위스 지도는 일치성에 대한 기대감을 품은 채 관
용적인 손길로 그린 것으로 볼 수 있다. 모순처럼 들리겠지만,
세계에서 가장 안정적이고 효율적인 나라의 작동 원리이기도
하다. 그렇다면 "하나이면서 서로 다른"이라는 문구 이면의
의미는 무엇이고, 그것이 스위스 문화에 미친 영향은 또 무엇
일까?

책임 의식이 강한 시민들

스위스인들은 이론적으로 유권자에게 강력한 반대의 권한을 부여하는 고도의 지방 분권적 정치 체제에서 살고 있지만, 효율적이고 정직하며 준법정신이 철저하다. 스위스라는 국가 체제가 원만하게 운영되는 비결은, 국민들이 중앙 집권적 정부나 강력한 국가 원수 같은 개념에 관심이 없다는 점일지 모른다. 스위스 특유의 역사와 칼뱅과 츠빙글리 같은 개혁가들이 실천한 '공익'이라는 가르침은 개인의 책임 의식을 신뢰하는 정치 제도에 기여했다. 스위스인들은 하나의 국민이라는 의식에 사로잡혀 있지 않다. 각자 속한 지역에서 자신의 본분을 다하는 자세가 바로 국민을 단결시키는 요소이다. 스위스 어디에서나 국기를 찾아볼 수 있기는 해도 스위스인들은 공공연하게 애국적인 모습을 드러내지는 않는다. 하지만 국제 사회에서 '특별 사례'로 인정받는 데 기여한 직접 민주주의 제도를 무척 자랑스러워한다.

따라서 스위스인들은 대체로 민주적 권리를 행사하고 싶은 마음이 간절할 것이라고 짐작해볼 수 있다. 하지만 특별히 그렇지도 않다. 투표율은 보통 30%이다(물론 유럽연합 가입이나 군대

폐지처럼 중요한 문제의 경우에는 투표율이 훨씬 높다). 비록 투표에서는 드러나지 않아도 친구와 이웃과 동료에 대한 높은 수준의 존중과 관용에서 엿보이듯이 스위스인들의 책임 의식은 개인적 차원에서 뚜렷이 나타난다. 18세기에 루소는 이 같은 민주적 사고방식을 설파한 바 있다. 그가 볼 때 개인의 자유는 물론 소중하지만, 다른 사람의 자유가 시작되는 지점까지만 나아갈 수 있는 것이었다.

사회적 통제

'훌리건^{Hooligan}'이라는 영어 단어는 런던에 살면서 요란을 떨었던 어느 아일랜드 출신 가족의 이름에서 유래했다. 이와 비슷하게 뷘츨리^{Bünzli}라는 성씨에는 '스위스다움'이 완벽하게 녹아 있다. '뷘츨리'는 '순응자'(순응적이면서도 심지어 답답하기까지 하다)라는 단어로 요약될 수 있다. 순응자는 언제나 올바른 일을 하고 결코 반항하지 않는 사람이다. 무슨 뜻인지 짐작이 갈 것이다.

스위스 문화에서 규칙 준수는 당연한 행동으로 통한다. 스위스인들은 사회 제도를 개선하기 위해 1년에 평균 여덟 번씩 국민투표를 실시한다. 대개의 경우 그들은 이치에 맞게 행동한다. 그리고 법을 지키지 않으면 사회가 효율적으로 작동하기 힘들 것으로 여긴다. 이 점은 특정한 날에 스위스인들이 규격 쓰레기봉투, 판지, 신문, 퇴비, 낡은 가구, 알루미늄, 플라스틱 병, 유리 따위를 지정된 재활용 장소에 놓아두는 모습에서 확인할 수 있다. 트램에서 차표를 검사하는 경우는 드물지만 승객들은 어김없이 차표를 구입한다. 젊은이들이 간혹 옆자리에 발을 올려둘 때도 있지만, 그래도 진흙이 묻은 신발 밑에 신문지를 깐다! 운전자들은 일반적으로 철도 건널목이나 신호등을 만날 때나 30초 이상 정차할 때 배기가스 방출량을 줄이기 위해 시동을 끈다. 1970~1980년대에는 운전자들에게 엔진을 끄도록 촉구하는 교통 신호등이 설치되기도 했다.

꼼꼼하기 그지없는 스위스인들은 만사가 원활하게 진행될 수 있도록 엄청난 숫자의 규칙을 두고 있다. 예를 들어 독일어권에서 여러분이 재활용을 제대로 못한다면 쓰레기봉투가 쉽게 가득 차고 개수도 많아지므로 금전적 부담을 지게 될 것이다. 쓰레기봉투 가격이 비싸기 때문이다. 규격 봉투를 쓰지 않으면 '쓰레기 경찰'이 쓰레기를 샅샅이 뒤져 용의자의 이름이나 주소를 알아낸 뒤 불법 투기에 따른 벌금 100스위스프랑을 부과할 것이다. 스위스에는 유럽에서 가장 엄격한 자동차 배기가스 규제 기준이 있고, 모든 자동차는 매년 배기가스 배출 검사를 통과해야 한다. 스위스인들에게 환경은 확실히 대단한 관심사이자 우선 사항일 뿐 아니라 그들이 그토록 중시하는 공익의 상징이기도 하다. 스위스는 아주 작은 나라이기 때문에 국민들은 쓰레기나 오염 물질과 함께 살아가야 한다. 아울러 타인의 행동에 직접 영향을 받으면서 생활해야 한다.

자율 치안 사회

이웃인 독일인에게도 엿보이는 의무감은 스위스 문화 깊숙이 배어 있는 가치이다. 스위스에서는 되도록 올바른 행동을 해야 한다. 설령 경찰이 별로 없어 보여도 함부로 행동하면 곤란하다. 스위스인들은 외국인인 여러분이 어떤 부분에서 잘못을 저질렀는지 재빨리 지적할 것이다. 여러분이 승합차를 촘촘한 주차 공간에 밀어 넣었든 탈세를 했든 간에 그 모습을 목격한 스위스인은 그냥 넘어가지 않을 것이다. 아주 좁은 공간에 많

정의의 여신을 조각한 16세기 베른 조각상

은 사람들이 살기 때문에 스위스인들은 함께 살아가는 여러 가지 방법을 개발해왔다. 그 결과 스위스인들은 까다롭고 불행하게 살아가는 사람들처럼 보인다. 물론 올바르게 처신해야 한다는 압박감을 피할 수는 없겠지만, 스위스 국민들의 책임의식을 존중한다면 노인들의 질책과 따가운 표정을 너무 고깝게 여길 필요가 없다. 결코 나쁜 의도에서 야단을 치거나 기분 나쁜 표정을 짓는 것이 아니기 때문이다.

이렇게 준법정신이 투철한 사회에서의 삶에도 이면이 있다. 스위스에서는 무인 판매 방식에 따라 물건을 구입할 수 있는 곳이 많다. 스위스인들의 타고난 개인적 책임감 덕분이다. 프랑스어권에서는 무인 요금함에 돈을 넣고 신문을 구입할 수 있다. 시 외곽이나 농촌 지역에서는 양동이에 동전을 넣기만 하면 꽃, 과일, 채소, 땔감, 잼, 우유, 요구르트 따위를 살 수 있다. 그러나 최근에는 만일의 경우를 대비해 설치된 소형 감시 카메라를 심심찮게 볼 수 있다.

스위스에서 타인의 영역을 존중하는 태도는 사회적 통제만큼 중요한 요소이다. 스위스인들이 타인의 영역을 침범하기 싫은 마음을 억누르고 의무감을 발휘하는 경우는 '공익'이 훼손될 때밖에 없다. 스위스는 사생활 보호를 바라는 유명인들과

화제의 인물들에게 청량제 같은 곳이다. 스위스인들은 서명을 받거나 이목을 끌기 위해 유명인의 공간을 침범하는 짓을 결코 올바른 처신으로 여기지 않는다. 이 점은 그들이 서로를 대하는 방식에서도 드러난다. 스위스에서는 사적 영역과 공적 영역 간의 경계선이 뚜렷하고, 일반적으로 개인 공간이 존중된다. 이 같은 태도는 우정과 직장을 비롯한 몇 가지 범주에서 엿볼 수 있다. 이 부분은 이 책의 뒷부분에서 다루겠다.

클라르텍스트

스위스인들은 "있는 그대로 말하기"를 좋아한다. 그들은 솔직하게 말한다. 건설적인 비판을 할 때 칭찬을 섞어 본뜻을 흐리지 않는다. 외국인의 관점에서 이 같은 태도는 다소 가혹해 보이지만, 개인적인 공격으로 받아들일 필요는 없다. 그들의 클라르텍스트(명확한 표현)는 최종적인 진술을 의미하지 않는다. 그것은 논의의 여지가 있는 진술을 뜻한다. 따라서 이견을 기꺼이 수용한다. 스위스인들은 융통성이 있다. 솔직하지만 타협을 배제하지는 않는다. 그들의 솔직함은 경쟁심의 발로가 아니라 정확성을 기하려는 마음가
짐에서 비롯된 것이다.

솔직한 자세는 경우에
따라 내적 갈등을 유발할
지 모른다. 스위스인들은
선천적으로 대립을 싫어하
기 때문이다. 그들은 공개
적으로 반대하지 않고 침
묵을 지키면서 충돌을 피
할 것이다. 공동 목표를 위해 애쓰는 이런 자세는 스위스 문화
에 널리 퍼져 있다. 합의가 핵심이다.

라틴계 스위스인들은 독일계만큼 솔직하지만, 태도가 더 부
드러운 편이다. 대체로 프랑스계 스위스인들은 독일계 스위스
인보다 말주변이 더 낫다. 독일계 스위스인들은 잡담을 즐기지
않고, 당면한 일에 충실한 편이다.

"부정확한 말은 배탈만큼이나 심각한 결점이다."

장 칼뱅

투명성과 비밀주의

스위스인들은 사생활과 개인적 자유의 수호자로 자부한다. 2009년 이전까지 그들은 신규 예금과 고객을 받아들이는 절차에서의 엄격한 지침과 조건을 은행업의 핵심적 덕목으로 간주했다. 아마 그 점은 진실이겠고, 스위스가 은행비밀유지법에 힘입어 명성을 쌓은 비결이기도 하다. 하지만 그 모든 일은 닫힌 문 뒤에서 벌어졌다.

오늘날 비밀주의는 사라졌고, 해외 금융 계좌 관련 수칙은 더 분명하게 규정되고 있다. 2008~2009년의 금융 위기는 스위스 은행뿐 아니라 스위스 정부에 대한 국제 사회의 압력을 초래했다. 직후에 UBS 은행의 탈세 추문이 터지면서 스위스의 은행 업계 전체가 영향을 받았고, 1930년대부터 시행되었던 은행비밀유지법의 위상이 완전히 무너졌다. 현재 스위스 국내의 은행업 관련 규정을 엄격하게 집행할 책임을 지고 있는 금융감독청FINMA은 세계에서 가장 철저한 금융감독기관 가운데 하나로 평가되고 있다.

은행은 스위스의 자랑거리에서 일종의 수치로 전락하고 말았다. 그러나 지금은 철저한 관리감독이 진행되고 있고 신뢰가

회복되는 중이기 때문에 과거와 달리 은행은 스위스인들이 있는 자리에서 꺼내기 거북한 주제는 아니다. 은행업의 투명성이 확보됨에 따라 이제 스위스인들과 개인적으로 예민한 주제를 다루기가 다소 편안해졌다고 볼 수 있다.

스위스 은행의 비밀주의는 300년 넘게 유지되었다. 최초의 주요 외국 고객은 프랑스의 국왕들이었다. 18세기 제네바의 은행가들은 개신교도들이었고, 그들 중 다수는 1685년에 루이 14세가 낭트 칙령을 폐지한 뒤 프랑스를 떠나 제네바에 정착한 사람들이었다. 물론 프랑스 국왕의 자금을 이단인 개신교도들이 관리한 것은 모든 관계자들의 이익에 부합했다.

최초의 비밀유지법은 1713년으로 거슬러 올라간다. 당시 제네바의 주의회는 은행업자들에게 다음과 같이 요구했다. "고객과 거래내역을 기록하라. 하지만 시의회의 명시적 동의가 없는 한 해당 고객 이외의 누구에게도 정보를 누설하지 말아야 한다." 그 결과 스위스는 유럽 각지에서 일어난 격변으로 인한 피해를 입지 않으려는 사람들의 정치적·금융적 피난처가 되었다. 은행의 비밀주의는 스위스 민법의 규제를 받았다.

고객 보호 정책은 훗날 스위스의 인접국인 독일과 프랑스의 위협과 압력에도 불구하고 강화되었다. 1932년 급진적인 긴

축 정책을 표방한 프랑스의 에리오 정부는 2,000개가 넘는 프랑스인 소유의 스위스 계좌에 대한 법적 규제를 요구했다. 프랑스의 좌파는 과세 회피 방지 조치를 지지한 반면, 우파는 사적 영역에 대한 국가 개입에 반대했다. 스위스인들은 고객의 비밀을 보호하기 위해 기존의 은행법을 고수했다.

1933년 독일의 나치 정권이 해외에 자금을 은닉한 모든 독일인을 사형에 처할 것이라고 선포했다. 비밀경찰이 스위스 은행을 감시하기 시작했다. 세 명의 독일인이 스위스 계좌를 보유한 혐의로 처형되었고, 스위스 당국은 형법을 통해 고객을 보호하기로 결정했다.

1934년 자국의 독립성과 중립성을 입증하기 위해 스위스 연방의회는 은행의 비밀유지 의무를 위반하는 행위를 범죄로 규정하는 법을 통과시켰다. 비밀을 누설하는 은행업자에 대해서는 투옥, 벌금, 손해 배상 따위의 처벌이 가능했다. 다만 마약 밀매나 총기 밀수 같은 사안과 관련해서는 그 법이 적용되지 않았다.

1984년에 은행의 비밀유지 문제가 국민투표에 회부되었고, 스위스 유권자들은 비밀유지 정책을 고수하는 방안에 압도적으로 찬성했다. 그로부터 30여 년이 흐르는 동안 새로운 경제적 환경이 조성되었다. 2013년 스위스 정부는 경제협력개발기구 OECD가 주창한 국제 협약에 찬성하겠다는 입장을 밝혔다. 국제 협약에 의하면 이제 스위스의 은행업 관행은 국제 기준에 맞춰야 하고, 스위스 국민 정체성의 핵심 요소로 간주되었던 비밀유지 관행은 사실상 사라지게 되었다.

언어와 정체성

국민 정체성에 대해 말할 때 캐나다인들은 흔히 그런 것이 아예 없다고 주장하거나 "우리는 미국인이 아니다"라고 말한다. 이와 비슷하게 스위스인들에게는 응집된 하나의 정체성이 아닌 몇 가지 언어적·문화적 요소로 구성된 정체성이 있다. 스위스에는 북미 지역에 널리 퍼져 있는 '용광로' 사고방식을 찾아볼 수 없다. 대신에 스위스인들은 모든 화로에 연료를 공급하는 방식으로 다양한 성향이 섞인 국민 개념을 유지해왔다. 언어적 배경과 무관하게 스위스의 모든 지역은 유럽에서 '특별사례'의 지위를 공유하고 있다. 1291년의 맹세를 통해 세 지역은 외세의 지배를 용납하지 않겠다고 서약했다. 하지만 각 지역의 정체성이 불분명하지는 않다. 오히려 각 지역의 정체성은 명확하고 다양하다. 그런데 신기하게도 스위스는 국가적 통합을 유지하고 있다.

뚜렷한 지역적 정체성의 폐해는 스위스인들이 '칸톤리가이슈트Kantonligeischt'로 부르는 것, 즉 지역 이익에 매몰된 편협한 사고방식이다.

【 뢰스티그라벤 】

'뢰스티 경계선'이라는 뜻의 뢰스티그라벤Röstigraben은 스위스 국내의 프랑스어권과 독일어권의 차이를 설명할 때 쓰이는 용어이다. 뢰스티는 잘게 썬 감자로 만든 전통 음식이다. 치즈와 베이컨을 곁들이기도 하는 이 요리는 오늘날 모든 사람이 즐기지만, 원래 독일어권에서 유래했다. 뢰스티그라벤은 언어적 차이뿐 아니라 가치관과 사고방식의 차이도 상징한다. 뢰스티그라벤 유래는 스위스의 건국 시점으로 거슬러 올라간다. 건국을 주도한 세 지역의 주민들은 독일어를 사용했고, 훗날 프랑스어가 쓰이는 몇몇 주가 독일어권에 합병되었다. 그것은 프랑스어권 주민들이 쉽게 수요할 수 없는 결과였다.

이탈리아계 스위스인들은 '스위스다움'이라는 개념에 더 애착을 느낀다. 외부의 영향에 비교적 쉽게 흔들리고, 상대적 소외감을 느끼기 때문이다. 폴렌타그라벤[Polentagraben](이탈리아어권인 티치노주와 나머지 지역의 차이를 가리키는 말-옮긴이) 개념은 널리 거론되지 않을지 모르지만, 현재의 스위스 문화에서는 아마 뢰스티그라벤보다 훨씬 더 뚜렷할 것이다.

오늘날 스위스에서는 프랑스계와 이탈리아계가 독일계와의 관계에서 소수 집단으로서의 강박 관념을 품고 있는 듯하다. 굳이 그렇다고 말하지는 않겠지만 현실적으로 라틴계 주민들은 스위스에서 독일계 주민만 크게 성공할 수 있다는, 그리고 모든 돈과 일자리와 산업이 독일어권에 몰려 있다는 일반적인 관념에 대처해야 한다. 독일어권에 속한 장크트갈렌의 경영대학원은 스위스의 대표적인 경영 인재 양성소로 평가되고, 거기서 두각을 나타내려면 반드시 독일어를 완벽하게 구사해야 한다. 정치적 측면에서 볼 때 강력한 연방 제도에 의해 가장 작은 규모의 주에도 권한이 부여되지만, 다수 집단인 독일계 주민들이 국가의 운명을 결정한다. 따라서 프랑스계 주민들은 20여 년 전에 이미 유럽연합 가입안에 찬성표를 던졌지만, 다수 집단인 독일계 주민들이 반대하는 바람에 뜻을 이루지 못했다. 프랑스계 주민들은 그 같은 투표 결과를 수긍하기 어려웠다.

　프랑스계는 독일어 사용에 큰 어려움을 겪는다. 그들은 학교에서 고지독일어인 호흐도이치^{Hochdeutsch}만 배우기 때문에 스위스 독일어인 슈비처뒤치를 구사해야 하면 난감할 수밖에 없다. 마찬가지로 독일계도 고지독일어를 그다지 즐겨 쓰지 않는다.

　더구나 프랑스계도 독일계도 이탈리아어를 잘 구사하지 못하기 때문에 전체적으로 스위스의 언어적 지형은 더 험난해진다.

【 지역 방언 】

확고한 국민적 자부심보다 출신 지역에 대한 동질감을 느끼는 편인 스위스인들은 방언을 중시한다. 이 점은 특히 주마다 스위스 독일어의 방언이 있는 독일어권의 주민들 사이에서 두드러진 현상이다. 일례로 취리히에서 쓰이는 독일어 취리뒤치 ^{Züridütsch}는 바젤에서 쓰이는 독일어 바젤뒤치^{Baseldytsch}와 쉽게 분간할 수 있을 정도로 다르다. 따라서 독일어권에서는 스위스 독일어의 방언을 기준으로 특정인의 출신 주를 파악할 수 있다.

> ### · 언어 장벽 ·
>
> 프랑스어권 출신의 어느 스위스 여성이 독일에서 고지독일어를 1년 동안 배웠다. 그녀는 이후 취리히의 은행에 취직했다. 그런데 어느 날 동료들이 오직 그녀 한 사람 때문에 고지독일어를 쓰기는 싫다고 말했다. 결국 그녀는 직장을 그만두고 프랑스어권으로 돌아왔다. 언어와 관련한 동료들의 태도와 취리히에서 쓰이는 독일어(취리뒤치)를 감당할 수 없었기 때문이다.

【 투표 경향 】

각 언어 집단 간의 문화적 차이는 투표 경향으로 확인할 수 있다. 일반적으로 로만디와 티치노 지역의 유권자들은 독일계 유권자들보다 더 좌파적이다. 그들은 독일계 주민들에 비해 군대를 더 비판적으로 바라보고, 기업에 대한 국가 개입을 더 선호한다. 프랑스어권에서는 유권자들이 도로통행 할증금 제도에 찬성표를 던질 가능성은 낮다. 그들은 전반적으로 동물 보호와 환경 관련 규제에 반대한다.

그렇지만 언어 집단에 상관없이 자유주의적 좌파 성향의

주민들 사이에는 여성의 동등한 권리, 낙태, 성범죄자 치료 같은 사안을 둘러싼 폭넓은 합의가 조성되어 있다. 다만 그들의 투표 경향은 거주 지역의 성격에 따라 구분된다. 즉 도시의 좌파 성향 주민들은 앞서 언급한 세 가지 사안에 대해 찬성표를, 농촌의 좌파 성향 주민들은 반대표를 던지는 경향이 있다. 마찬가지로 보수주의적 우파 성향의 주민들 사이에도 언어 집단과 무관하게 금융 개혁 문제를 둘러싼 합의가 도출되어 있다. 부유하고 조세 친화적인 지역의 우파 성향 유권자들은 대체로 금융 개혁에 찬성하고, 농촌 지역의 우파 성향 유권자들은 반대한다.

지난 30년 동안 사회 정책, 기업, 국제 문제 등을 둘러싼 독일계와 프랑스계 유권자들의 견해 차이는 더 뚜렷해졌다. 좌우 분열은 언어 집단을 중심으로 형성되었고, 거대 언론의 성장과 소규모 지역지의 몰락에 힘입어 심화되었다. 언어권 내부의 전통적인 종교별 경계가 희미해졌고, 개별적인 선거 운동 사례가 증가했다.

이것이 장기적인 추세인지 아닌지는 아직 불투명하다. 확실히 스위스의 여러 지역은 이웃 나라들의 정치적 흐름에 영향을 받는다. 그 결과 스위스 국내의 정치적 지형이 바뀐다. 일반적으로 독일어권과 이탈리아어권의 주민들은 해당 지역의 문화가 독일과 이탈리아의 문화적 위협에 더 노출되어 있다고 느끼는 편이다. 스위스에는 현재 약 30만 명의 독일인이 거주하고 있고, 이 점은 특히 취리히에서 일하는 독일 출신의 숙련도가 높은 이주자들에 대한 부정적 인식이 조성된 이유이기도 하다. 한편 프랑스어권에서는 프랑스의 문화적 영향을 반드시 부정적으로 여기지는 않고, 보호주의적 태도가 그리 심각하지도 않다.

이민 억제 법안을 통과시킨 2014년의 국민투표 결과는 인상적이다. 독일어권과 이탈리아어권 주민의 대다수는 찬성표를 던졌지만, 프랑스어권에서는 반대표가 많았다. 그런데 취리히, 바젤, 베른 같은 독일어권 도시에서는 이민자 할당제를 도입하기로 예정되었던 법안에 대한 반대표가 많았다. 반면 프랑스어권의 교외 지역과 이탈리아어권인 티치노주에서는 찬성표가 많았다.

직업 윤리

그토록 효율적이고 양심적인 사람들이 장시간 열심히 일한다는 사실은 놀랍지 않을 것이다. 하지만 스위스가 원래부터 부유한 나라가 아니었고, 20세기 후반에야 비로소 부자 나라가 되었다는 점은 널리 알려지지 않은 사실일 것이다. 역사적으로 더 나은 삶을 찾아 외국으로 떠난 스위스들이 많았다는 점이 그 증거이다. 주로 농촌 지역과 가톨릭교를 믿는 지역에서는 근면이 필수적인 생존 방식이었고, 그런 직업 윤리는 오늘날에도 뚜렷이 남아 있다. 개신교를 믿는 지역에서는 근면과 구원이라는 도덕적 신념이 지금까지 원동력으로 작용하고 있다.

스위스인들은 매주 평균 42시간을 일한다. 공식적으로 상근 직원들은 1년에 불과 4주의 휴가를 낼 수 있다. 그보다 더 긴 휴가를 주는 기업도 많고, 특히 나이 든 직원들은 더 긴 휴가를 즐길 수 있지만, 4주는 유럽의 여러 나라들에 비해 적은 휴가 일수이다. 공휴일은 주마다 다르지만, 대체로 1년에 8~9일이다. 1985년 국민투표에서 스위스인들은 의무 휴가 일수를 4주에서 5주로 늘리는 법안을 부결시켰고, 2002년에는 주당 노동 시간을 36시간으로 줄이는 법안도 부결시켰다. 파업은 드물고 결근율도 낮다.

장기간의 노동은 별도로 하고, 노동에는 임무 완수뿐 아니라 시간 엄수를 보장하는 고도의 정직성과 성실성이 필요하다. 스위스인들은 사생활을 직장과 결부시키지 않는다. 주로 독일어권에서는 초과 근무가 흔하고, 심지어 권장되기도 한다. 라틴계 주민들은 정규 근무 시간을 더 분명히 지키고, 가정생활을 더 중시하는 것 같다. 독일계 스위스인들이 바라보는 프랑스계 스위스인들은 별로 믿을 만한 직장인이 아니다. 전자가 보기에 후자는 일을 늦게 시작하고 점심시간을 더 오래 보낸다. 또한 이메일에 금방 답장을 하지 않는다.

스위스의 직장에서는 조직력과 업무 공간 정리가 중요하다. 스위스 직장인들은 단정한 용모에도 관심을 쏟는다. 그들은 상당히 실리주의적이고 품질을 중시한다. 주름이 잘 잡힌 소매 속의 값비싼 시계는 선망의 대상일지 몰라도 결코 과시의 대상은 아니다. 스위스인들은 허세에 관심이 없다. 그들은 돈을 벌기 위해 열심히 일할 뿐 아니라 저축도 열심히 한다. 선천적으로 위험을 감수하지 않는 사람들이기 때문에 예전부터 신용 대출에 의지하는 삶을 선호하지 않는 편이었다. 그러나 지금은 상황이 급속도로 바뀌고 있다. 앵글로색슨계 국가들에서 이미 오래전부터 보편화되었던 신용 대출 문화가 스위스에서는 최근에야 형성되기 시작했다. 신용 대출은 특히 스위스의 젊은이들 사이에서 인기를 끌고 있다.

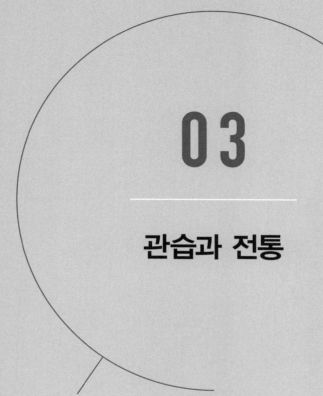

03

관습과 전통

신년 전야 아침에는 가족 중에 가장 늦게까지 자고 있는 사람을 나머지 식구들이 "질베스터"라고 소리치면서 깨운다. 가장 늦게 등교한 아이에게도 "질베스터"라고 소리친다. 저녁에 숲속에서는 모 닥불이 피어나고, 마을에는 교회 종소리가 울려 퍼진다. 그렇게 새해가 점점 다가온다.

축제와 축하 행사

스위스 도처에 전래의 관습이 남아 있다. 관습은 지역마다 그리고 마을마다 다르다. 전국적으로 그리고 주 단위로 이런저런 방식에 따라 종교 축제, 농사 절기, 역사적 사건을 기념한다. 스위스인의 일상생활이 다소 답답해 보이는 독자들은 앞으로 살펴볼 활기차고 신기하고, 때로는 이상한 관습을 통해 그동안 전혀 예상하지 못한 스위스인의 특성을 확인할 수 있을 것이다.

【 파스나흐트 】

바젤은 파스나흐트(사육제)를 위해 존재하는 곳으로 평가된다. 이 도시의 사육제는 가장 유명하고 화려하다. 사육제는 아름답게 꾸민 커다란 등불을 켠 참가자들이 행진할 수 있도록 모든 가로등을 끄는 이른 새벽에 시작된다(모르게슈트레이히). 주민들은 가면을 쓰고 전통 복장을 갖춘 채 북을 치고 피리를 불면서 행진하는 참가자들 때문에 잠을 깬다. 모르게슈트레이히는 전통적으로 사순절의 첫날 다음에 돌아오는 월요일 오전 4시 정각에 시작된다. 거의 하루 종일 음악이 울려 퍼지고 행렬

이 지나가며 심한 소음이 들린다. 일반적으로 사육제에 등장하는 여러 복장에는 최근의 사건과 시사 문제가 반영된다. 카페와 식당에서는 지난 1년간 바젤에서 있었던 일을 풍자하는 시를 읊는 공연인 슈니첼방크가 열린다. 바젤 파스나흐트의 본 행사와 별도로 클라인 바젤 지구에서도 1월에 축제가 열린다. 그 축제에서는 빌데 마(야만인), 로이(사자), 포겔 그뤼프(전설 속의 동물인 그리펀) 등이 거리를 지나가면서 춤을 추고, 윌리라는 네 명의 어릿광대가 가난한 사람을 돕기 위해 구경꾼들에게

돈을 모금한다.

【 체게테 】

다른 지역의 사육제 기간에 볼 수 있는 화려하고 장난스러운 의상과 대조적으로 발레주의 계곡 지대 뢰첸탈에서 열리는 사육제에는 사나운 모습의 목각 가면이 등장한다. 목각 가면은 암묵적 약속에 따라 미혼 남성들만 쓸 수 있다. 그들은 흉측한 가면을 쓰고 양이나 염소 가죽으로 만든 겉옷을 입고 검댕

이 묻은 장갑을 낀 채 마주치는 모든 사람(특히 젊은 여성)에게 갑자기 달려든다. 체게테('얼룩빼기'라는 뜻의 방언)는 사육제가 열리는 동안 마을의 주인으로 행세한다. 이 전통은 뢰첸탈 지역이 겨울에 외부 세계와 단절되었던 시절에 생겼다고 한다. 가면은 교회의 지배를 받았던 농민들이 일으킨 반란과 그로 인한 무정부 상태를 표현한 것이다.

【 젝세로이텐 】

젝세로이텐은 매년 4월의 셋째 월요일에 취리히에서 열리는데, 이 축제의 유래는 취리히의 어느 동업조합이 악사들과 말을 탄 사람들이 등장하는 야간 행진을 벌였던 중세 시대로 거슬러 올라간다. 그 야간 행진이 인기를 끌자 다른 동업조합도 따라 하기 시작했고, 1839년에 최초로 모든 동업조합이 참여한

눈사람을 불태우는 세계 유일의 축제 젝세로이텐

젝세로이텐 행진이 열렸다. '6시에 울리는 종'이라는 뜻인 젝세로이텐은 행진보다 역사가 훨씬 더 오래되었다. 젝세로이텐에는 봄이 찾아온 것과 낮 시간이 길어져 오후 6시까지 일할 수 있게 된 것을 축하하는 의미가 담겨 있다.

축제 분위기는 우선 전통 의상을 차려입은 어린이들이 행진하는 일요일부터 감돌기 시작한다. 하루 뒤인 월요일에는 동업조합의 행렬이 지나간다. 축제는 월요일 저녁 6시에 거대한 눈사람 모양의 인형인 뵈크를 태우면서 절정으로 치닫는다. 전설에 의하면 속에 화약을 채워둔 뵈크의 머리가 빨리 폭발할수록 그해 여름 날씨가 좋을 것이라고 한다.

【추수 축제】

고산 지대의 여름은 목동들이 소떼와 함께 낮은 곳으로 내려올 때 막을 내린다. 인구가 많은 지역에서는 9월 말이 되면 매주 힐비스라는 시장이 열린다. 가을은 수확의 계절이다. 주민들은 신에게 감사의 뜻을 표시해야 하고, 수확물을 시장에 내놓거나 겨울을 대비해 저장해야 한다. 추수감사제는 스위스의 여러 곳에서 열린다. 마을의 거리 곳곳에 노점이 들어서고 그 옆에서 아이들이 놀이에 열중한다. 주민들은 마겐 브로트(과

자)와 아펠휘힐리(기름에 튀긴 사과) 같은 달콤한 전통 음식을 맛보거나 천막에 모여 치즈로 만든 요리인 라클렛, 구운 소시지인 브라트부르스트, 포도주, 맥주, 뜨거운 스페셜티 커피 따위를 즐긴다.

지역마다 흥미로운 전통이 있다. 그뤼에르 지역의 샤흐메에는 축제 기간에 건초수레 경주대회가 열린다. 니트발덴주의 주도인 슈탄스에서 열리는 축제 이름은 엘퍼힐비이다. 짐승의 가죽과 이끼로 만든 옷을 입은 '부치', 즉 야만인들이 아이들을 쫓아다니면서 사탕 같은 달콤한 음식을 던져준다.

역사적 기억

특정한 역사적 사건과 결부될 만한 관습은 드물지만, 제네바에서 가장 유명한 휴일은 에스칼라드이다. 매년 12월 초에 돌아오는 이 휴일은 1602년에 사보이 공작의 로마가톨릭 군대를 물리친 사건을 기념한다. 전설에 의하면 로욤 부인이 성벽을 기어오르는 적군에게 펄펄 끓는 수프를 퍼부었다고 한다. 오늘날 제네바 시민들은 마지판^{marzipan}(아몬드, 설탕, 달걀흰자를 섞어 만든 과자 – 옮긴이)으로 가득한 초콜릿 냄비를 만들어 그녀의 업적을 기린다. 역사적 사건을 기념하는 또 하나의 관습은 제네바의

공휴일	
1월 1일	신년일
1월 2일	성 베르히톨트 축일
3월이나 4월	성 금요일, 부활절 다음 월요일
5월 1일	노동절
5월	예수 승천일
6월	성령 강림절과 성령 강림절 월요일
8월 1일	건국 기념일
12월 25일	성탄절
12월 26일	성 슈테판 축일, 성탄절 선물의 날

단식일이다. 단식일은 9월 첫째 일요일 다음의 화요일이다. 원래 이날은 1572년에 프랑스에서 개신교도들을 상대로 일어난 성 바돌로매 축일의 학살 이후의 기도일이었다. 요즘에는 자두 파이를 먹는 관습이 남아 있다. 사람들은 참회의 날을 맞아 육류를 멀리해야 했는데, 때마침 자두가 제철이었다고 한다.

공휴일

다음에 나오는 국경일뿐 아니라 주별로 종교 기념일 같은 휴일이 따로 있다.

【 건국 기념일 】

스위스의 8월 1일은 미국의 7월 4일이나 프랑스의 7월 14일과 같은 날이다. 스위스 건국 기념일의 역사는 100년을 조금 넘었다. 부지런하기로 소문난 스위스인들은 1993년에 비로소 이날을 공휴일로 정했다. 그러나 이날에 기념하는 사건, 즉 초창기의 3개 주가 맺은 연방 서약은 700여 년 전에 일어났다. 건국 기념일에는 분야와 직급을 망라한 모든 정치인이 연설에 나선다. 대통령은 항상 뤼틀리 목초지에서 연설을 하고, 연방의원들과 코뮌의 책임자들은 스위스 전역에서 열리는 행사에 참가해 연설한다.

【 성탄절 】

스위스에서 성탄절은 점점 더 상업화되고 있다. 상점의 진열대는 10월 말 이전부터 성탄절 분위기를 띠기 시작한다. 12월이 찾아오면 명절 시장은 전통의 멋을 뽐내고, 손님들은 예쁘게 장식된 시골 마을의 좁은 거리와 도심부의 '유서 깊은 구역'을

천천히 지나가면서 이것저것 구경한다. 따뜻한 포도주인 글뤼바인을 마시고, 하이시 마로니(군밤)를 먹고, 특선 성탄절 케이크를 살 수도 있다. 아이들은 달콤한 향이 나는 밀랍으로 케르체(양초)를 만들 수 있을 나이가 되면 이때를 손꼽아 기다린다. 아이들은 집안 벽에

아트펜츠칼렌더(재림절 달력)를 걸어놓는 다. 문 뒤에는 그림이나 초콜릿 선물이 놓여 있다. 독일의 전통적 성탄절 케이크인 슈톨렌은 스위스의 독일어권에서도 인기가 높고, 성탄절을 위해 만드는 과자도 마찬가지이다. 티치노주에서는 파네토네panetone(이탈리아에서 성탄절에 먹는, 맛과 모양이 다양한 빵 - 옮긴이)가 대표적인 성탄절 음식이다.

　축하 행사는 12월 6일에 시작된다. 이날은 어린이의 수호성자인 성 니콜라우스의 축일이다(스위스 프랑스어권에서는 '페르노엘 [Père Noël, 산타클로스]'). 성 니콜라우스 축일 전야에 아이들은 산타클로스가 귤, 견과, 과자 같은 선물을 넣어주기를 바라면서

신발을 문 밖에 놓아둔다. 그런데 성탄절에는 산타클로스가 아니라 크리스트킨트(아기 천사)가 선물을 갖고 온다. 따라서 유치원과 보육원에 다니는 아이들은 이미 12월 6일에 지난 1년 동안 자신이 말썽을 부렸는지 아니면 착하게 지냈는지 알 수 있다. 스위스의 산타클로스는 북미의 유쾌하고 뚱뚱한 산타클로스가 아니라 날씬하고 더 진지한 산타클로스이다. 그는 조수인 슈무츨리('지저분한 남자'라는 뜻)와 함께 나타난다. 슈무츨리는 아래위로 밤색 옷을 입고, 얼굴에는 온통 검댕이 묻어 있다. 전설에 따르면 슈무츨리는 말썽꾸러기 아이들을 회초리로 때린 뒤 자루에 넣어 숲에 버린다고 한다. 하지만 오늘날에는 매질과 납치 같은 것은 언급되지 않는다. 대신에 슈무츨리는 오렌지와 견과를 나눠주고, 산타클로스는 아이들에게 착한 어린이가 되는 방법을 진지하게 가르쳐준다. 전통적으로 선물은 12월 24일에 열어본다. 독일어권의 가정에서는 고기 퐁뒤인 시누아를 먹고, 프랑스어권 주민들은 푸아그라나 송로버섯 같은 특별식과 케이크와 쿠키 같은 후식을 즐긴다. 성탄절은 가족끼리 모이거나 썰매 놀이, 산책, 스키 같은 야외 활동을 하는 날이다.

【 신년일 】

신년 전야(12월 31일)는 성 질베스터 축일이기도 하다. 이날 아침
에는 가족 중에 가장 늦게까지 자고 있는 사람을 나머지 식구
들이 "질베스터!"라고 소리치면서 깨운다. 가장 늦게 등교한 아
이에게도 "질베스터!"라고 소리친다. 저녁에 숲속에서는 모닥
불이 피어나고, 마을에는 교회 종소리가 울려 퍼진다. 그렇게
새해가 점점 다가온다.

【 드라이쾨닉슈타크 또는 트루아 루아 】

공현축일, 즉 '삼왕의 축일'을 기념하는 풍습은 1952년부터 시
작되었다. 1월 6일 사람들은 두툼하고 둥근 빵인 드라이쾨닉
슈쿠헨 또는 갈레트 데 트루아 루아를 사먹는다. 거기에는 플
라스틱 재질의 조그마한 왕 인형이 들어 있다. 식구끼리 빵을
먹다가 왕 인형을 발견한 사람이 왕관을 차지하고, 나머지 식
구들에게 하루 종일 이런저런 명령을 내릴 수 있다. 삼왕의 축
일을 이런 식으로 보내는 풍습은 불과 반세기 전쯤에 제빵업
자들의 상술에 따라 생겨났다. 기독교 달력에서 공현축일은
성탄절부터 12일 이후의 날이다. 이날은 예수 그리스도가 태
어난 마구간에 세 명의 동방 박사가 찾아온 날이다. 전통적으

로 이날에는 집안의 악령을 쫓아낸다는 행운의 빵을 먹었다. 기독교 이전 시대에 이날은 유령이 나돌아 다니는 어둡고 음울한 열두 번의 밤, 즉 라우흐내히테가 끝나는 날이었다. 현재 이날은 가톨릭교 지역의 공휴일이다.

【 부활절 】

부활절 기간은 특선 초콜릿과 빵을 만들어 파는 업자들이 각자의 상품을 선보이는 때이다. 사람들은 별도의 긴 연휴를 보내고, 아이들은 달걀을 예쁘게 꾸민 뒤 부활절 달걀 찾기 놀이를 한다. 이 같은 모습은 외국의 풍습과 크게 다르지 않다. 하지만 좀 더 면밀하게 살펴보면 주별로 많은 문화적 차이를 확인할 수 있다. 스위스 남부의 이탈리아어권에 속하는 티치노주의 멘드리시오에서는 사순절 목요일에 지역민들이 그리스도 수난극을 공연한다. 이때 로마 기마병과 나팔수가 등장한다. 그다음에 성 금요일이 찾아오고, 더 침울한 분위기의 행진이 시작된

다. 그리스도와 성모 마리아의 조각상이 거리를 지나간다. 스위스 서부의 프랑스어권에 속하는 프리부르주의 로몽에서는 '흐느끼는 여자들'이 그리스도가 겪은 수난의 상징물을 지닌 채 주홍색 방석을 들고 거리를 지나간다. 도시의 거리 곳곳에 노래와 기도 소리가 울려 퍼진다.

제네바 근처의 니옹 주민들은 눈이 녹고 물이 다시 나오는 것을 축하하는 독일의 오래된 전통에 따라 도시의 분수대를 꽃, 리본, 달걀 등으로 장식한다. 발레주의 경우 몇몇 마을에는 빵, 치즈, 포도주 등을 나눠주는 옛 부활절 전통이 남아 있다. 루체른에서는 해마다 부활절 연주회인 오스터페스트슈필레가 열린다. 부활절 주일에 베른주의 루멘딩겐 마을을 지나가는 사람들은 나무 방망이(크뉘텔른)를 던지는 사람들 때문에 깜짝 놀랄 것이다. 그 놀이는 부활절 주일에 전통 오락이 금지된 데서 유래했다. 가장 나이 많은 사람이 방망이를 던지면서 놀이가 시작되고, 나머지 사람들은 되도록 그 가까이에 방망이를 던지려고 애쓴다.

종교적 지형

종교 개혁 시기에 스위스는 개신교도의 안식처가 되었고, 20세기 중반까지 개신교도가 압도적으로 많은 나라였다. 불과 30여 년 전만 해도 서로 다른 종교를 믿는 남녀의 결혼은 문제가 될 정도였다. 1970년대부터 남부 유럽 출신의 이민자들이 대거 유입되면서 개신교 위주의 종교적 지형이 바뀌기 시작했다.

최근 몇 년 동안 기독교 신자의 수가 감소했다. 2000년에 실시한 어느 대규모 여론 조사에 의하면 스위스 인구의 16%만 종교가 "매우 중요하다"고 답변했다(스위스인들에게 종교는 가족이나 직장이나 스포츠나 문화에 비해 중요도가 훨씬 낮았다). 같은 해에 발표된 다른 조사에 따르면 지난 10년 동안 독실한 신자의 비중이 10% 하락했다. 로마가톨릭교 신자들의 38.5%는 성당에 다니지 않는다고 대답했고, 개신교 신자들은 전체의 50.7%가 교회에 나가지 않는다고 말했다. 응답자의 71%만 신의 존재를 믿는다고 말했다. 지난 30년 동안 교회에서 세례, 결혼식, 장례식 등을 치르기를 바라는 사람들이 현격하게 줄었다. 2000년 인구 조사에 따르면 가톨릭교와 주류 개신교(개혁복음교회)는 절대적 측면(신자 수)과 상대적 측면(전체 인구에서 차지하는 비중) 모두 약화되었다. 소규모의 유대인 사회는 대체로 변화가 없었다. 최근의 인구 유입으로 인해 다른 종교, 특히 이슬람교와 정교회의 신자 수가 늘어났다.

이제 많은 사람들이 교회를 그다지 중요하게 여기지 않게 되었지만, 로마가톨릭교와 개신교는 스위스인의 정체성과 현대적인 스위스의 면모가 형성되는 과정에서 핵심적인 역할을 하였다.

04

스위스인과
친구 되기

스위스인들이 이 세상에서 가장 싫어하는 일은 아마 누군가의 예고 없는 방문일 것이다. 어지러운 집안의 모습을 보여주기 싫어서가 아니다. 다만 그들은 정식 방문을 원한다. 미리 커피가 준비되고 시간이 넉넉하게 확보된 상황에서 손님이 찾아오기를 바란다.

간격과 잡담

외국인의 입장에서 볼 때 스위스인과의 교제는 쉬운 일이 아니다. 흔히 냉정하고 조심스럽다는 평가를 받는 스위스인들은 처음에는 쌀쌀맞은 사람처럼 보일 수 있다. 하지만 그것은 겉모습일 뿐이고, 스위스인 친구를 사귀기까지는 시간이 걸릴 따름이다. 스위스 문화에서는 사적 영역과 공적 영역이 분명히 구분된다. 물론 스위스 문화의 이 같은 특성을 이해해야만 스위스인을 사귈 수 있다는 보장이 있는 것은 아니지만, 확실히 잠재적인 장애물을 없애는 효과는 있을 것이다.

스위스인들은 고향에서 함께 자란 사람, 대학교를 같이 다닌 사람과 밀접한 관계를 유지한다. 그들은 우정을 가볍게 여기지 않는다. 따라서 외부인이 그 끈끈한 테두리 안에 진입하기까지는 시간이 좀 걸릴 수 있다. 선천적으로 스위스인들은 잘 모르는 누군가와 사적인 내용을 공유하지 않는다. 그들이 마음을 털어놓을 만큼 상대방을 충분히 파악했다고 느끼는 시점이 언제인지 콕 집어 말하기는 어렵다. 그러나 일단 친구가 되면 그들은 여러분의 영원한 친구로 남을 것이다. 신뢰와 마찬가지로 우정도 시간이 흐르면서 단단해진다.

비교적 빨리 상대방과 잡담을 나누는 데 익숙한 외부인들이 볼 때 스위스인들이 유지하는 간격은 이해하기 어렵다. 대개의 경우 스위스인들은 금세 마음을 여는 사람을 경계한다. 아주 솔직하게 말해 그들은 너무 쉽게 마음을 여는 사람을 대하는 요령을 모른다. 그리고 그런 사람들의 허세를 경계한다. 미국인과 영국인은 본격적인 대화로 이어지는 통로인 잡담에 익숙하다. 그들은 칵테일파티를 편안하게 여기고 한 시간 동안 몇 사람에게 말을 걸면서 자기 인생사의 일부분을 털어놓을 것이다. 반면 스위스인은 잡담에 꽤 소질이 있는 사람도 장시간의 토의를 선호한다.

인사

스위스의 독일어권에서 쓰이는 격의 없는 안부 인사와 작별 인사는 얼핏 외국인에게 혼란스러울 수 있다. 친구에게 쓰는 인사와 지인이나 낯선 사람에게 쓰는 인사는 다를 때가 많다. 독일어권에서 가장 자주 쓰이는 것은 "안녕"이나 "좋은 하루"라는 뜻의 스위스 독일어 인사말인 "그뤼에치"이다. 최소 두 사람과 마주칠 때는 "그뤼에치 미테난트"라고 말하거나, 더 편한 표현인 "호이 츠재메"를 쓸 것이다. 친구끼리는 격의 없는 표현인 "호이"나 심지어 영어인 "헬로"나 프랑스어인 "살뤼"가 흔히 쓰일 수 있다. 작별 인사를 할 때는 일반적으로 스위스 독일어인 "우프 비데를뤼게"가 쓰이고, 프랑스어 "아듀"의 생략형인 "아데"도 쓰인다. 이 부분에서는 이탈리어어의 영향이 강하게 남아 있다. 서로 잘 아는 친구끼리는 "차오"나 스위스 독일어인 "취스"를 쓸 것이다. 프랑스어권에서는 표준 인사말인 "봉주르"와 "오흐부아"가 무난하다. 프랑스계 스위스인들은 친구를 만날 때 "살뤼"라고 인사하고, 친구와 헤어질 때는 "차오"라고 말할 것이다.

스위스에서 악수는 매우 보편적인 관습이고, 올바른 행동으로 통한다. 소규모의 사교 모임에서는 쭉 돌아가면서 각 참석자와 악수를 하고, 잘 모르는 사람에게 자신을 소개하는 것이 일반적이다. 모임이 끝나 헤어질 때는 다시 참석자들과 악수하고 작별 인사를 나눠야 한다. 여러분이 먼저 스스로를 소개하지 않은 경우에는 다른 참가자들이 여러분에게 다가와 자신을 소개할 것으로 기대하지 말기 바란다. 그들은 여러분이 구축한 경계선을 존중할 것이고, 여러분이 심적으로 충분히 준비가 되면 다가오리라고 생각할 것이다. 외국인에게 이런 방관자적 태도는 상당히 불쾌하게 느껴질 수 있다. 하지만 먼저 소개하지 않는 여러분에게 스위스인들이 다가가지 않는 것은 여러분을 불청객으로 여기기 때문이 아니다. 단지 여러분의 영역을 침범하지 않으려고 하기 때문이다.

유치원에 다닐 만한 연령의 아이들이 악수를 하는 모습도 흔히 보인다. 날마다 유치원에서 작별 인사를 할 때 아이들은 선생님과 악수를 나눈다(프랑스어권에서는 아이들이 선생님과 악수 대신에 세 번의 입맞춤을 한다). 그렇게 나이가 어린 아이들도 친구의 집에서 놀다가 작별 인사를 할 때 서로, 그리고 친구의 어머니와도 악수를 나눈다. 어린 자녀를 데리고 있는 친구와 만난 사람은 친구의 어린 자녀와도 악수를 하면서 인사를 나누는 경우가 많다. 10대 청소년들이 서로 만날 때나 작별 인사를 할 때 자연스럽게 악수를 나누는 것도 매우 흔한 모습이다.

【 입맞춤 】

친구들은 서로의 뺨에 세 번의 입맞춤을 나누면서 인사한다. 이런 식의 입맞춤은 주로 여자끼리, 그리고 남녀끼리 나누는 인사법이지만, 프랑스어권과 이탈리아어권에서는 가끔 남자들도 서로의 뺨에 입맞춤을 한다. 프랑스어권에서 여자는 흔히 친구의 어린 자녀에게 입맞춤을 한다(심지어 아이들과 처음 만날 때도 입맞춤을 할 수 있다).

악수에서 입맞춤으로 넘어가는 시점이 항상 명확하지는 않지만, 스위스인들은 이때를 본격적인 우정의 출발점으로 본다. 여러분이 알고 지내는 스위스인에게 너무 이른 시점에 입맞춤을 하면 불편해할지 모른다. 마찬가지로 스위스인들은 외국인이 입맞춤을 불편하게 여길 것 같으면 악수를 선택할 것이다. 여러분이 스위스인과 결혼한 상태이거나 깊이 사귀고 있는 경우 그 사람의 친구들은 여러분을 만나자마자 입맞춤을 할 것

• 입맞춤 예절 •

아리아네는 새로 사귄 친구의 집에 초대받았다. 이제 그 친구의 남편과 아이들을 만나게 될 것이다. 친구의 집에 도착했다. 친구와 아이들에게 입맞춤을 했지만, 친구의 남편과 네 명의 다른 손님과는 악수를 나눴다. 작별 인사를 할 때는 이미 자고 있는 아이들을 제외한 모든 어른들에게 입맞춤했다.

이다(심지어 딱 한 번의 저녁 식사 이후에도 그렇게 할 것이다). 그런 상황에서 여러분이 먼저 입맞춤을 해도 무방할 것이다. 하지만 몇 년 동안 알고 지내면서도 결코 입맞춤을 나누지 않는 경우도 있다. 그것은 편안한 간격을 유지하는 한 가지 방법이다. 또 다른 방법도 있는데, 그것은 바로 호칭이다.

두치스

영어와 달리 독일어와 프랑스어에는 형식적인 2인칭과 비형식적인 2인칭이 있다. 스위스의 독일어권에서 비형식적인 2인칭 대명사 '두^{du}' 대신에 형식적인 2인칭 대명사 '지^{Sie}'를 쓰는 것은 일정한 간격을 유지하면서 동시에 존중의 뜻을 표시하는 방식일 수 있다. 기업 내부의 위계질서를 중시하고 직위를 공공연하게 인정하는 프랑스어권에서는 사람들이 서로 형식적인 관계를 더 오랫동안 유지하는 경향이 있다. 그들은 일단 상대방에게 '무슈'나 '마담' 같은 호칭을 붙인다. 시간이 지나면 이름을 부를 수 있겠지만, 친근한 2인칭 대명사 '튀^{tu}' 대신에 형식적인 2인칭 대명사 '부^{vous}'를 고수한다. 이상의 내용은 여러분이 누군가를 신뢰하는 동시에 서열이나 연령 차이를 존중한다는 점을 보여주는 마법의 공식이다.

앞서 살펴봤듯이 지인 사이에서 친구 사이로 넘어가는 순간은 불분명할 수 있지만, 독일어권의 관례인 '두치스'가 일종의 기준이 될 것이다. '두치스'는 좀 더 부드럽게 인사를 나누자는 공식적 합의이다. 즉 서로에게 말을 할 때 형식적인 2인칭 대명사 '지' 대신에 친근한 2인칭 대명사 '두'를 쓰자는 합의이다. 아마 전통적으로 함께 점심을 먹거나 퇴근 후에 술을 마시면서 건배를 나누면서 관계의 변화를 확인했을 것이다.

오늘날에는 굳이 그런 자리를 통해 합의를 맺을 필요가 없다. 심지어 전자 우편이나 전화로 합의에 도달할 수도 있다. 이 같은 합의는 도시 지역에서, 그리고 젊은이들 사이에서 더 쉽게 맺을 수 있다. 학생들은 교사에게 '지'를 써야 하지만, 학생들끼리는 '두'를 쓴다. 물론 어느 정도 나이가 든 사람들은 아직도 더 형식적인 관계를 기대한다.

프랑스어권에는 형식적인 2인칭 대명사 '부'에서 비형식적인 2인칭 대명사 '튀'로 넘어가는 통과 의례인 '슈몰리츠'가 있다. 슈몰리츠는 포도주를 함께 마시며 잔을 든 채 팔을 엇갈리게 한 상태로 서로의 이름을 부르는 음주 관행이다.

외국인 공동체

2017년 현재, 스위스 인구의 4분의 1이 외국인 거주자들이다
(절대 무시할 만한 수치가 아니다). 스위스를 잠시 방문한 외국인들
은 광범위한 연결망을 갖춘 외국인 전용의 각종 동아리, 대중
매체, 할인 매장 따위를 이용할 수 있다. 외국인들이 그런 수
단을 활용해 사람들과 어울리고 친구를 사귀는 것은 무척 흔
한 일이다. 외국인 전용 단체와 상점은 스위스에 체류하는 외
국인들에게 큰 도움이 된다. 그리고 특히 여러분이 배우자를
동반한 상태이거나 사람들을 만나기 어려운 사정이 있을 경우
더 소중할 수 있다. 스위스에서의 직장생활은 실망스러울지 모
른다. 독일어권에서는 직장생활과 사생활이 철저하게 구분되기
때문이다. 심지어 독일계 스위스인들은 직장에서 가정사를 좀
처럼 언급하지 않는다. 그들에게 동료는 동료일 뿐이고, 굳이
친구일 필요는 없다. 그러나 독일어권 이외의 지역에서는 직장
에서의 사교가 비교적 흔하고, 동료와의 교제가 필수적이다.

　오늘날 스위스에 거주하는 100만 명 이상의 외국인들이 가
정, 직장, 학교 등에서 영어를 일상적으로 쓰고 있다. 최근에
연방통계청이 발표한 인구 조사에 의하면 스위스에 살고 있

는 7만 3,422명의 외국인이 영어를 모국어로 삼고 있다. 영어를 쓰는 외국인 공동체도 체계적인 조직을 갖추고 있다. 스위스에는 영어를 사용하는 동아리와 학교 같은 조직이 230개 넘게 있다. 특히 미국인 전용, 혹은 스위스계 미국인 전용 동아리의 수는 21개이고, 총회원 수는 1만 명이 넘는다. 일례로 제네바에는 국제연합, 인도주의 단체, 다국적 기업 같은 국제적 공동체가 매우 중요한 역할을 수행하기 때문에 외국인들은 굳이 스위스인과 교류하지 않으면서도 오랫동안 편안하게 살 수 있다.

외국인에 대한 태도

스위스인들은 영어를 쓰는 기회를 반기는 편이다. 누군가의 집이나 사교 모임에 초대를 받아 가보면 이를 확인할 수 있다. 스위스에서 영어는 인기 있는 언어이다. 독일계 스위스인들은 자신의 말에 특색과 멋을 더하기 위해 영어 단어와 숙어를 사용한다(프랑스계 스위스인들은 상대적으로 영어를 덜 쓴다). 영어 단어와 숙어는 여기저기의 낙서와 광고에서도 찾아볼 수 있다. 영어는 멋있고 현대적이며 유행하는 언어이다. 영어는 특히 광고나 홍보에 적합하다. 영어를 사용하지 않으면 독일어, 프랑스어, 이탈리아어, 로만슈어로 각각 광고 문구를 만들어야 하기 때문이다. 스위스인들은 모든 언어 공동체가 이해할 수 있는 상표명이나 명칭을 잘 사용한다. 사탕인 수구스$^{Sugus'}$ 효모 추출물인 세노비스^{Cenovis}, 요트 대회 아메리카스컵의 우승 팀인 알렁기^{Alinghi} 등의 명칭이 그 예이다.

스위스인들은 외국인과의 교제에 익숙하다. 그리고 대체로 외국인이 특정한 형식적 의례를 지키지 못해도 이해해주는 편이다. 하지만 스위스인들이 선천적으로 싫어하고 불편해하는 행동이 있다. 스위스인들의 관점을 이해하기 위해 노력하면 그들에게 더 가까이 다가갈 수 있을 것이다.

스위스인들은 외국인이 스위스에서 느끼는 불만을 뜻밖의 일로 여길지 모른다. 스위스인들은 특히 업무 상황에서 자신들을 무척 도움이 되는 사람들로 자부한다. 또한 스위스에 갓 도착한 이방인이 행복하게 지내도록 신경을 쓰는 사람들이라고 자처한다. 스위스인들은 이방인이 스스로 꾸려 나가도록 방관하지 않을 것이고, 그들이 새로운 위치에 잘 정착하도록 책임질 것이다. 대부분의 스위스인들은 친구를 통해 외국

• 상호 오해 •

어느 스위스 여자는 영국인 동료의 말을 정확히 이해하지 못했다. 그래서 무슨 말인지 모르겠다고 말했다. 그녀는 상대방의 말을 완벽하게 이해하는 것을 매우 중요하게 여겼다. 자신이 들은 말을 확실하게 이해하고 싶었다. 하지만 기대와 달리 영국인 동료는 조금 전에 했던 말을 그대로 되풀이하기만 했다. 다양한 언어로 의사소통하는 데 익숙했던 스위스 여자는 영국인 동료가 원래보다 더 간단하고 이해하기 쉽게 말해주기를 바랐다. 두 사람의 의사소통에 진전이 없자 그녀는 낙담할 수밖에 없었다.

인을 소개받을 경우 마음으로 그 외국인을 흔쾌히 받아들일 것이다.

초대

만찬회는 스위스인이 우정을 맺는 통로이고, 사람들이 소중한 시간을 함께 보낼 수 있는 기회이다. 생일잔치나 바비큐 파티의 경우 장시간 앉아서 식사를 하게 될 것이다. 모쪼록 시간을 지키고 편안하게 즐기기 바란다.

계속 자리를 바꿔가면서 새로운 사람들과 어울리는 것은 통례가 아니다. 자칫 무례한 행동으로 보일 수 있다. 그런 행동은 여러분이 바로 옆자리의 사람에게 관심이 없다는 뜻으로 비칠 수도 있다. 다만 커피가 나올 때는 자리를 바꿔도 무방하다. 음식을 먹기 전에 독일어권에서는 "맛있게 드세요"라는 의미로 "엔 귀테"라고, 프랑스어권에서는 "봉아페티"라고 말한다. 포도주의 경우 건배를 하는데, 식사 모임의 주최자가 "프로스트" 혹은 "상테"라고 말할 때까지 기다려야 한다. 잔을 부딪치거나 서로를 향해 들어 올릴 때는 상대방의 눈을 바라보는 것이 중요하다.

아페로

스위스인에 대해 알고 싶은 사람이 꼭 숙지해야 하는 모임이 아페로이다. 아페로는 서로 친한 사람들끼리 즐기는 칵테일파티이다. 참가자들이 선 채로 진행하는 아페로에서는 짜임새 있

는 만찬회의 형식적 절차를 찾아보기 힘들다. 아페로는 통상적으로 한두 시간 진행된다. 아페로는 문화 행사 이후의 모임이나 직장 동료의 송별회나 새로운 이웃과의 상견례일 수 있다. 아페로가 열리는 시간이 오후 6시라면 오후 6시 이후 아무 때나 들르면 되지만 저녁 늦게까지 머물지는 말아야 한다. 아페로에는 악수를 나눌 때를 고려해 손으로 집어먹을 수 있도록 만든, 깔끔하고 간편한 음식뿐 아니라 포도주, 미네랄워터, 오렌지주스도 나올 것이다.

커피 문화

2001년 3월 유럽 대륙 최초의 스타벅스 커피점이 취리히에서 문을 열었다. 스타벅스가 취리히에 1호점을 낸 까닭은 스위스 특유의 커피 문화 때문이었다. 스위스에서 휴대용 컵을 들고 줄을 선 채 카푸치노를 주문한 뒤 사무실로 달려가는 사람들을 찾아보기는 어렵다. 스위스인들은 이탈리아식 커피 전문점에서 시간을 보낼 가능성이 훨씬 높다. 거기서는 정통 이탈리아식 커피는 물론이고 몇 시간에 걸친 친구들과의 소중한 만남과 의미 있는 토론을 즐길 수 있다. 이탈리아식 커피 전문점은 어머님들의 만남의 장소이기도 하다. 독일인들은 커피를 케이크와 함께 즐기는 경우가 많지만, 스위스인들은 카페인의 자극적인 맛과 활기찬 대화를 선호한다.

상냥한 행동

스위스인들은 새로 이사를 온 여러분과의 정식 만남을 기대할 것이다. 그들이 이 세상에서 가장 싫어하는 일은 아마 누군가의 예고 없는 방문일 것이다. 어지러운 집안의 모습을 보여주기 싫어서가 아니다. 다만 정식 방문을 원할 뿐이다. 미리 커피가 준비되고 시간이 넉넉한 상황에서 손님이 찾아오기를 바란다. 그들의 집에 막 도착했을 때 느낄 수 있는 무관심은 여러분이 안정감을 찾을 만한 틈을 주려는 스위스인의 배려일 뿐이다. 그것은 스위스인의 자립 지향적 태도의 반영이기도 하다. 요청할 경우 그들은 아낌없이 도와줄 것이다. 하지만 굳이 먼저 여러분에게 도움이 필요한지 묻지 않을 것이다. 이웃집의

스위스인들이 포도주를 들고 여러분의 집을 찾아오는 경우가 전혀 없지는 않겠지만, 대체로 그들은 너무 주제넘게 나서지 않으려는 마음에서 일정한 거리를 유지할 것이다.

일단 새로 이사를 온 상황에서는 이웃들에게 자신을 적절하게 소개할 방법을 찾는 것이 좋다. 소개는 복도에서 우연히 마주치는 상황이나 아페로를 활용할 수 있다. 하지만 주민들이 마음을 늦게 여는 편인 농촌 지역에서 아페로는 호응받기

• 이웃과 안면 트기 •

미국인 여성 앤 화이트는 이웃집의 스위스인 할머니가 몰래 자기 집 우편함을 들여다보는 모습을 보았고 짜증이 났다. 그 할머니는 정말 쓸데없이 호기심이 많고 남의 일에 참견하기 좋아하는 사람 같았다. 그리고 하루 전에 할머니에게 인사를 하지 않았던 것이 마음에 걸렸다. 그런데 이튿날 아침, 그녀가 장을 보고 있는데 할머니가 다가오면서 "안녕하세요? 화이트 부인, 저는 볼라크입니다."라고 인사했다. 아차 싶었다. 사실 볼라크 부인은 화이트 부인의 이름을 알아내려고 우편함을 엿본 것이었다. 그래야 자신을 제대로 소개할 수 있었기 때문이다.

어려울 것이다. 만약 동네의 상점이나 식당에 들어서면서 "그뤼에치"라고 상냥하게 인사하지 않으면 농촌 주민들은 여러분을 쌀쌀맞은 사람으로 간주할 것이다. 그러므로 냉담한 사람으로 보이지 않도록 유의해야 한다. 그런데 불과 몇 킬로미터 떨어진 도시 지역에서 만약 행인에게 상냥한 인사를 건넨다면, 이상하게 볼지도 모른다. 서로의 이름을 모른 채 지내다가 따뜻한 인사를 나누기 시작하는 시점은 결정하기 힘들다. 스위스에서 농촌은 도시에서 꼭 멀리 떨어진 곳은 아니기 때문이다. 예를 들어 취리히에서 겨우 15분 거리에 있는 몇몇 외딴 마을의 주민들은 인사와 사적 공간에 대해 기존과 다른 태도를 보인다.

기회 포착

도시에서는 농촌보다 사람들과 어울릴 기회가 많다. 비교적 젊은 사람들이 많이 사는 지역에서는 가끔 이웃들이 함께하는 불(프랑스식 볼링)이나 탁구 대회가 열린다. 동네 운동장에서 정기적으로 만나는 어머니들은 어린 자녀를 매개로 교제할 수 있고, 까페에서 혹은 각자의 집을 돌아가면서 모닝커피 모임을 연다. 외국인에게는 스위스에서 쓰는 언어를 배우는 모임도 좋은 기회가 될 것이다. 영어를 할 줄 아는지 물어보면 스위스인은 십중팔구 "네, 조금 할 줄 압니다"라고 대답할 것이고, 이어지는 여러분의 질문에 매우 능숙한 영어로 답변할 것이다. 아마 특히 스위스의 어머니들은 영어 실력을 더 갈고 닦기 위해 다음과 같이 제안하는 경우가 많을 것이다. "당신은 내게 독일어를 쓰고, 나는 당신에게 영어를 쓰면 어떨까요?"

【 작은 돌파구 】

스위스인들은 일단 상대방과 마음이 통한다는 느낌이 들면 스스로를 농담의 대상으로 삼기도 한다. 스위스 여자 A와 미국 여자 B는 친구 사이이다. 두 사람은 집 근처의 운동장에서 정기적으로 만났다. 각자의 자녀들이 놀고 있는 동안 A는 영어를 연습했다. A는 B에게 독일어를 배우려면 자주 써야 한다고 말했다. 그것은 금세 습관으로 자리 잡았고, B는 낯선 독일어 단어나 숙어가 나올 때마다 A에게 거리낌 없이 질문을 던졌다. 어느 날 오후 A가 보온병에 뜨거운 커피를 담아왔다. 함께 커피를 마시다가 A가 B에게 커피를 더 마시겠냐고 물었다. 그러자 B는 "괜찮아I'm okay"라고 대답했다. 약간 놀란 듯한 A의 표정을 본 B는 이렇게 말을 이었다. "독일어에는 방금 내가 쓴 표현에 해당하는 말이 있어? 아니면 그냥 '고맙지만 사양하겠어Nein danke'라고 말해야 해?"

"없어. 우리는 그냥 '고맙지만 사양하겠어'라고 말해."

B는 방긋 웃으면서 A를 바라봤다. "너는 내가 괜찮은지 안 괜찮은지 관심이 없구나. 그렇지? 너는 내가 커피를 더 마시고 싶은지만 알고 싶을 뿐이구나!" 그러자 A가 "바로 그거야!"라고 대답했고, 두 사람은 즐겁게 웃었다.

05

가정생활

운이 좋다면 2주에 한 번꼴로 세탁실을 예약할 수 있을 것이다. 그날은 지정된 '세탁일'이다. '세탁일'에는 평소 아무리 야외 활동을 즐기던 사람도 화창한 봄날을 뒤로한 채 집안에 머물면서 엄격한 규칙과 세탁실 예절을 지켜야 한다. 세탁 규칙을 어기고 새치기를 시도한 사람들의 빨래는 나중에 그들이 쭈뼛거리면서 돌려달라고 할 때까지 압수되어 다른 곳에 보관된다.

하이마토르트

하이마토르트, 즉 고향은 스위스 사회의 초석이고, 사람들의 마음을 단단히 붙들어 매는 뿌리와 같은 곳이다. 앞서 살펴봤 듯이 스위스인들은 지역 차원의 강한 의무감을 느낀다. 그 의 무감은 국가주의적 감정을 압도한다. 스위스인들은 아버지에 게 물려받은 고향과 평생 동안 끈끈한 관계를 유지한다. 설령 식구 중에 아무도 고향에서 대를 이어 거주한 적이 없어도 스 위스인의 여권에 표기되는 것은 실제 출생지가 아니라 고향이 다. 고향을 떠나 다른 곳으로 이사하지 않은 사람들도 심심찮 게 볼 수 있다. 스위스인들은 자신이 성장한 지역에 그대로 머 물기를 좋아한다. 대학교에 다니기 위해 굳이 고향을 떠나려고 하지 않는 편이다. 졸업 후에는 고향집 가까운 곳에서 일하려 는 사람들이 매우 많다. 그러므로 고향에서 함께 자란 사람들 사이의 깊은 우정이 오랫동안 유지되는 것은 당연하다. 진학 문제로 고향을 벗어나지 않기 때문에 스위스 학생들은 학창 시절을 고향에서 보내는 경우가 많다. 대학교에 진학하면서 고 향을 떠나야 하는 경우에도 주말에는 고향집으로 돌아와 주 변 사람들과의 단단한 유대 관계를 유지한다. 하지만 평균적인 스위스인들의 튼튼한 뿌리는 결코 그들이 다른 나라의 문화를 이해하는 데 장애물로 작용하지 않는다. 오히려 그렇게 작은 나라에서 살다 보면 국경선 밖을 탐험하고 싶은 욕구를 느끼고 외국의 문화와 언어에 대한 깊은 관심이 생기는 듯하다.

생활 공간

스위스에는 1인 가구나 2인 가구가 흔하다. 많은 노인이 자녀

나 친척과 함께 사는 대신에 혼자 살거나 양로원에서 거주한다. 반면 아이들은 부모와 함께 오랫동안 같은 집에서 산다. 많은 연인들이 몇 년 동안 함께 살다가 결혼하거나 끝까지 동거만 한다. 스위스인들은 일단 학업을 마치는 것이나 경제적으로 자리를 잡는 것을 중요하게 여긴다. 사람들은 보통 대도시 외곽에 거주하며, 가족 규모는 작은 편이다. 자녀 수는 한두 명에 불과하다.

사람들은 되도록 자기 집을 장만하고 싶어 한다. 그러나 부동산은 무척 비싸서 스위스의 자택 보유율은 30%로 유럽에

서 가장 낮은 편이다. 상황이 바뀌고 있는 중이지만 아직 스위스인들은 일반적으로 임대 아파트에서 산다. 임대 아파트에 대한 수요는 많고 공급은 적기 때문에 집세가 터무니없이 비싸다. 주거비는 순소득의 약 25%를 차지하고, 일부 지역에서는 주거비 비중이 순소득의 25%를 넘는다.

주거 형태는 대규모 아파트 단지부터 2세대용이나 4세대용 주택에 이르기까지 다양하다. 도시의 근교와 비교적 부유한 지역에서는 주택이 더 많이 눈에 띌 것이다. 오래된 건물이 많지만, 관리가 무척 잘되어 있다. 수리를 자주 하는 편이고, 지어진 지 100년이 넘은 것처럼 보이는 건물도 실내는 현대적이고 품위가 흐른다.

그러나 부동산업자들이 가구가 구비되지 않았다고 말하는 주택에는 그야말로 가구가 하나도 없다. 그런 주택에 찬장이나 조명 설비가 있을 것으로 기대하지 말아야 한다. 떠나는 세입자들은 법적으로 옷장이나 조명 설비를 갖고 갈 수 있다. 법적으로 모든 주택은 전시에 대피소로 쓸 수 있는 지하실을 갖춰야 한다. 아파트 지하실의 저장 공간은 아파트의 좁은 면적을 보충하는 데 도움이 된다.

국제 기준에서 반드시 작다고 볼 수는 없지만 스위스의 아파트와 주택은 일 처리가 요즘과 달랐던 시절에 지은 것이 많다. 전통적으로 스위스인들은 대체로 날마다 근처의 상점까지 걸어가 유제품을 구입했다. 냉장고 크기는 단 하루 분량의 음식을 저장할 수 있을 만큼이면 되었다. 요즘에는 구멍가게가 점점 사라지는 추세이지만 작은 냉장고는 아직 변함이 없고, 한꺼번에 일주일치의 음식을 저장하지 않는 편인 스위스인들의 태도도 크게 바뀌지 않았다. 물론 일하는 여성들이 차츰 늘어남에 따라 살짝 변화의 조짐이 보이기 시작하지만, 확인할 수 있는 정도의 변화는 없다. 그러므로 아무리 아파트가 크고 널찍해도 넓은 주방이나 대형 설비를 갖춘 주방을 상상하지는 말기 바란다(어느 외국인은 스위스 아파트의 주방을 '바비 인형의 주방'으로 표현했다).

세탁실

스위스에서 공간 문제는 심각하다. 가정집도 예외가 아니다. 세탁기를 설치할 만큼 큰 욕실이나 주방을 갖춘 아파트는 드물다. 상당히 큰 규모의 아파트도 마찬가지이다. 스위스에서 식기세척기와 세탁기는 폭이 55cm이어야 하지만, 유럽의 다른 모든 나라에서는 일반적으로 식기세척기와 세탁기의 폭이 60cm이다. 설령 집에 세탁기를 놓을 공간이 있어도 스위스만의 기준에 알맞은 세탁기를 제작해야 하는 비용 때문에 세탁기 가격은 다수의 소비자들이 감당하기 힘들 만큼 비싸졌다.

아파트의 공용 세탁실 사용과 관련한 규칙은 질서와 상호 존중에 대한 스위스인의 욕구가 드러나는 전형적인 사례이다. (스위스인들뿐 아니라 외국인들도) 그 규칙을 책과 잡지에서 '스위스다움'의 상징으로 풍자해왔다. 세탁실은 성역이다. 운이 좋다면 2주에 한 번꼴로 세탁실을 예약할 수 있을 것이다. (일부 아파트에서는 3주마다 한 번 예약할 수 있다.) 그날은 지정된 '세탁일'이다. '세탁일'에는 평소 아무리 야외 활동을 즐기던 사람도 화창한 봄날을 뒤로한 채 집안에 머물면서 엄격한 규칙과 세탁실 예절을 지켜야 한다. 규칙을 어긴 사람들은 나름의 경고를 받을 것이다. 세탁 규칙을 어기고 새치기를 시도한 사람들의 빨래는 나중에 그들이 쭈뼛거리면서 돌려달라고 할 때까지 압수되어 다른 곳에 보관된다. 1회분의 세탁이 마무리되는 시간은 평균 2시간이다. '조용한 시간'에는 세탁기를 돌릴 수 없기 때문에 모든 빨래를 하루 만에 마치는 것은 꽤 복잡한 일이다. 그러나 규칙이 비교적 느슨한 아파트도 있고, 최근 들어 개인용 세탁기를 구입하는 사람들이 점점 많아지고 있다.

아마 만만찮은 세탁, 매일 해야 하는 장보기, 공간 문제 등 일상생활의 복잡성으로 인해 장소를 둘러싼 팍팍함을 느낄 수 있을 것이다. 흥미롭게도 스위스인과 대화를 해보면 그들이 누군가를 호의적으로 평가할 때 '복잡하지 않은'이라는 수식어를 붙이는 경우가 많을 것이다. '복잡하지 않은' 성격은 그들이 발 딛고 생활하는 규칙 기반 사회에서의 일시적 해방을 의미한다.

생활 조건

대다수 외국인들은 스위스에서의 일상생활을 둘러싼 규칙과 규정 때문에 깜짝 놀란다. 특히 아파트는 생활 규칙과 규정이 까다롭다. 많은 규칙이 공간 문제와 관계있다. 일반적으로 정오부터 오후 2시 사이인 점심시간과 저녁 10시 이후에는 소음을 내지 말아야 한다는 지방 자치 단체의 조례나 아파트 규칙이 있다. 만일 지금과 달리 스위스의 대다수 아파트가 저녁 10시 이후 목욕물을 받는 행위를 금지하는 규정을 없앴다면 너무 딱딱하다는 스위스인에 대한 고정 관념은 사라질 것이다. 늦게까지 일하거나 피곤에 지친 입주민은 대체 언제 목욕을 해야 할까? 이 규정은 여러 아파트에 적용되고, 입주민은 거기에 맞춰 살아야 한다. 잔디를 깎는 소리, 벽에 그림을 걸 때 나는 소리, 시끄러운 음악 소리 따위도 지나친 소음에 속한다. 파티를 열 예정인 입주민은 이웃에게 미리 알려야 한다.

스위스에서 봉투는 일상생활의 중요한 부분이다. 종이 재질의 쇼핑백은 나중에 채소를 살 때 활용할 수 있도록 아껴 쓰기 바란다. 현명한 스위스인이라면 멀쩡한 봉투를 낭비하지 않고 장을 볼 때마다 봉투값으로 30라펜, 혹은 30상팀(라펜은 스위스 프랑의 독일어식 이름이고, 상팀은 프랑스어식 이름이다. 1라펜과 1상팀은 100분의 1스위스 프랑에 해당한다-옮긴이)을 지불하지 않을 것이다. 알다시피 스위스인들은 장을 자주 본다! 각 공동체에서 발행한 값비싼 쓰레기봉투에는 재활용이 불가능한 쓰레기만 넣기 바란다. 그리고 쓰레기봉투는 이웃에게 방해되지 않도록 수거일 당일에만 문밖에 내놓아야 한다. 또한 세탁실과 차고 같은 공동 시설을 산뜻하고 깔끔하게 관리해야 한다. 다른 입주민에게 폐가 되지 않도록 자전거(혹은 신발) 같은 물건을 복도에 방치하지 말기 바란다.

일상생활

스위스인들은 아침에 주로 기펠리(크루아상), 빵, 잼, 치즈 따위에 주스나 커피를 곁들여 먹는다. 특히 독일어권에서는 매일 장시간 일한다. 반면 나머지 언어권에서는 점심시간이 보통 2시간이다. 아이들이 하루 종일 학교에서 시간을 보내는 일은 드물고, 아이들의 등교 시간은 연령에 따라 다르다. 통상적으로 아이들은 집에서 점심을 먹지만, 일부 지역에서는 방과 후 학교(독일어로는 호르트, 프랑스어로는 캉틴)가 운영된다. 방과 후 학교에서는 부모가 맞벌이를 하는 경우 아이들이 점심을 해결할 수 있고 교사의 관리를 받을 수 있다. 그러나 스위스에서 방과 후 학교는 극히 드물고, 북미나 영국의 방과 후 학교만큼 편리한 제도도 아니다. 스위스의 학교 제도는 되도록 동일한 시간을 투자해 모든 연령대의 학생을 골고루 보살피는 방향으로 점점 바뀌고 있다.

스위스는 야외 활동을 좋아하는 사람들이 동경하는 곳이다. 사람들은 주말마다 밖으로 나가 여름에는 호수, 연못, 산책길과 자전거 도로를, 겨울에는 스키장과 눈썰매장을 누빌 것이다.

【쇼핑】

일주일 분량의 물건을 한꺼번에 구입해 저장하는 것은 스위스인의 사고방식과 어긋난다. 대부분의 경우 매일 식료품을 구입한다. 소규모 잡화점은 아직 있지만, 대다수가 대형 슈퍼마켓에게 자리를 빼앗겼다. 특정한 날에 도시에서는 신선한 채소, 빵, 꽃, 공예품 따위를 살 수 있는 노천시장이 열린다. 토요일이나 특정 평일에 도시 사람들은 중고 가구를 팔기 위해 더 큰 시장으로 향한다. 스위스 소비자들은 상품과 서비스의 질에 대한 기대치가 매우 높고, 질 좋은 상품과 서비스에 대가를 기꺼이 지불한다. 그들은 가격에 상응하는 최고의 품질을

원한다.

대개의 경우 상점은 월요일부터 금요일까지 오전 9시에 문을 열고 오후 6시 30분에 닫는다. 토요일에는 오전 9시부터 오후 5시까지 영업한다. 비교적 규모가 작은 상점은 보통 점심시간이 정오부터 오후 2시까지이다. 주유소, 기차역, 공항 등에는 저녁 9시나 10시까지 영업하는 상점이 있다. 주유소, 기차역, 공항 등에는 저녁 9시나 10시까지 영업하는 상점이 있고, 일부 주유소는 밤새도록 영업한다.

이른 폐점 시간에 놀라는 외국인이 많다. 그동안 상점의 영업 시간을 확대하려는 시도가 여러 차례 있었지만, 추가 근무 시간이 가정생활에 해를 입힌다는 이유로 압도적인 반대에 부딪혔다. 프랑스와의 접경지대에 거주하는 일부 주민들은 저녁 9시나 10시까지 영업할 뿐 아니라 일요일 아침에도 문을 여는 프랑스의 상점을 이용하려고 국경을 넘는다. 온라인 쇼핑을 통한 식료품 구입도 점점 인기를 끌고 있다.

기억해둘 만한 스위스의 양대 슈퍼마켓 체인점은 미그로^{Migros}와 코프^{Coop}이다. 미그로는 창업자인 고틀리프 두트바일러가 확고한 도덕적 원칙에 입각해 설립한 협동조합으로 소비자와 생산자 사이의 더 밀접한 관계를 지향하고, 고품질의 제품을 저렴하게 판매한다. 경쟁 업체인 코프와 달리 미그로는 특유의 판매 철학에 따라 담배와 술을 판매하지 않는다.

【근무 시간】

상업용 사무실은 일반적으로 월요일부터 금요일까지 오전 8시와 9시 사이에 문을 열고, 오후 5시와 6시 사이에 문을 닫는다. 관공서는 업무 개시 시간이 다양하다. 오전 7시 15분에 업무를 시작하는 관공서도 있고, 비교적 규모가 작은 관공서는 오전 9시에 문을 연다. 관공서의 점심시간은 오전 11시 30분부터 오후 1시 30분까지, 혹은 정오부터 오후 2시 30분까지이다. 그리고 오후 4시에서 5시 사이에 문을 닫는다.

교육

스위스의 교육 제도는 지방 분권적 성격이 강하다. 연방은 교육 정책 전반을 관리하지만, 재정 조달과 정책 집행은 주 단위에서 책임진다. 그리고 주는 다시 개별 지방 자치체의 교육 당국에게 여러 가지 실무적 사안을 맡긴다. 교육 자료 및 내용도

주별로 다르다. 북미의 기준에서 볼 때 스위스의 교육 제도는 더 전통적이고 엄격한 편이고, 개인주의를 덜 강조한다.

【 의무 교육 】

몇몇 주에서는 어린이들이 생일을 기준으로 빠르면 4세부터 유치원에 다닐 수 있다. 대부분의 아이들은 2년 동안 유치원에 다니지만, 연령과 발달 정도에 따라 기간이 달라질 수 있다. 초등학교는 6세나 7세에 입학해 6년 동안 다닌다. 의무 교육의 마지막 단계인 중등학교의 교육 기간은 해당 학교의 종류와 해당 주의 방침에 따라 3년에서 5년 사이이다. 학생들이 향후 직업훈련이나 대학 진학을 준비하는 데 필요한 교육 과정으로 접어드는 시기가 바로 이때이다.

【 직업훈련 】

중학교 교육을 받은 뒤에는 두 가지 경로의 직업교육훈련[VET] 과정을 신청할 수 있다. 직업교육훈련 과정은 학교 수업(직업 과목과 일반 과목)과 작업장에서의 실습(견습)이 결합된 것이다. 스위스에서 직업교육훈련 과정은 고등학교 교육의 근간을 이루고 있다. 의무 교육을 마친 청소년의 3분의 2는 직업교육훈련 과

정(독일어로는 레레, 프랑스어로는 아프랑티사지)을 밟는다. 직업교육훈
련 과정에 등록한 훈련생이 선택할 수 있는 직종은 대략 230
개이다. 직업교육훈련 과정의 기간은 훈련생이 선택한 분야에
따라 다르지만, 대부분 3~4년이다. 훈련생들은 인증 업체에서
일하고 일주일에 하루나 이틀 정도 직업훈련학교에 출석한다.
가장 인기 있는 분야는 기계기술직, 사무직, 판매직 등이다. 독
일계 청소년들은 프랑스계 청소년들에 비해 이 같은 경로를
밟을 가능성이 더 높다. 기초 훈련 과정이 마무리될 때 보는

졸업시험을 통과한 견습생들은 전국에서 인정되는 연방 증서를 받는다.

스위스의 청년 실업률은 약 4퍼센트로 선진국 가운데 가장 낮은 수준이다.

【 대학교 】

스위스에서 대학교에 진학하기는 쉽지 않다. 주별로 다르지만, 진학반에 들어가려면 12세나 13세가 되었을 때 학습 능력을 입증해야 한다. 진학반 과정의 학생들은 18세나 19세가 되면 대학입학시험(독일어로 "마투라(Matura)")을 본다. 시험에 합격한 학생들은 원하는 대학교를 선택할 수 있는 자격증인 졸업장을 받는다. 스위스의 대학교 진학률은 30% 미만으로 이웃나라들에 비해 낮다. 어린 나이에 학업 성취도를 증명해야 하기 때문이고, 또 공업계열 학생들이 다른 나라의 대학교에 버금가는 전문기관에서 고등교육을 받기 때문이기도 하다.

프랑스어권에는 대학교가 3개(제네바, 로잔, 뇌샤텔) 있고, 독일어권에는 5개(바젤, 베른, 취리히, 루체른, 장크트갈렌)가 있다. 프리부르대학교에서는 프랑스어와 독일어를 공용어로 쓴다. 1996년 이탈리아어권에 속하는 티치노주의 루가노를 중심으로 대학교가 설립되었다. 로잔과 취리히에는 각각 로잔연방공과대학교^{EPF}와 취리히연방공과대학교^{ETH}가 있다.

【 국제학교 】

스위스는 오래 전부터 최신식 사교육으로 유명했고, 스위스에 있는 국제학교도 명성이 자자하다. 국제적 접근법을 강조하는 교육은 비용이 많이 들지만, 특히 스위스에 단기간 머물면서

학업의 연속성을 유지하려는 외국인 학생들에게는 돈으로 환산할 수 없을 만큼 가치가 있을 것이다. 국제학교 중등교육 과정과 A레벨 과정(영국), 미국대입학력고사, 학업적성시험, 토플(미국) 등을 비롯한 영국과 미국의 여러 가지 교육 과정과 시험의 수료 증서와 합격증, 그리고 스위스의 대학입학시험인 마투라 합격증을 발급해줄 수 있는 국제학교가 많다.

【 국제적 비교 】

경제협력개발기구의 2019년 행복지수Better Life index에 의하면 25세부터 64세까지의 스위스 성인의 88%가 고등학교 졸업자였고, 스위스 성인 전체의 고등학교 졸업률은 78%였다. 25세부터 64세까지의 성인 가운데 남자들의 고등학교 졸업률은 89%로 여자들의 고등학교 졸업률 86%보다 높았지만, 남녀 격차가 줄어들고 있다. 교육제도의 질적 측면을 살펴보자면 스위스의 학생들은 경제협력개발기구가 읽기, 수학, 과학 등의 세 과목에서 실시한 국제학업성취도평가(Programme for International Student Assessment, PISA)의 평균 점수가 508점이었다. 이 점수는 경제협력개발기구 회원국의 평균 점수인 486점보다 높다.

병역

1984년에 쓴 책 『스위스의 콩코르드 광장La Place de la Concorde Suisse』에 서 미국의 저술가 존 맥피John McPhee는 어느 스위스 장교의 다음 과 같은 말을 인용했다. "스위스에는 군대가 없다. 스위스 자체 가 군대이다." 이 말은 어느 정도 과장이 섞였겠지만, 역사적으 로 볼 때 스위스의 중립성은 항상 군사적 억지력에 입각한 것이 었다. 사실 스위스는 서유럽에서 최대 규모의 병력을 보유했 었다. 그러나 최근에 스위스 의회는 현역병 규모를 10만 명으 로 줄이는 법안을 통과시켰다. 불과 10년 전 만 해도 스위스군 의 현역병은 20만 명이 넘었다. 그동안 군비 지출이 증가하긴 했지만, 이는 기술적 첨단성이 단순한 인력보다 중시되는 현대 전의 성격 변화가 반영된 현상이다.

과거에는 스위스 대기업의 여러 최고경영자들이 군 장교의 역할도 맡았다. 군대에서 형성된 인맥은 아직 스위스에서 가 장 유력한 몇몇 기업에도 남아 있다. 요즘에는 반드시 고위 장 교를 역임해야 경제계에서 성공을 거둘 수 있는 것은 아니다. 예전에는 신체 건강한 모든 스위스 남자는 20세가 되면 15주 간의 첫 번째 훈련 과정을 밟은 뒤 42세가 될 때까지 2년마다

교황과 바티칸 시국의 수호자인 스위스 근위대는 스위스 군사 기본 훈련을 마친
독신 남성 가톨릭 병사로만 구성되어 있다.

3주간의 재교육을 받아야 했다.

　오늘날 스위스 군대는 재정립되고 있다. 입대 연령이 낮아
지고 복무 기간이 줄어들었다. 이제 19세부터 26세까지의 스
위스 남성은 군대에서 260일 복무해야 한다. 신병들은 18주간

의 필수 훈련을 받은 뒤 7차례에 걸쳐 3주간의 정기 소집 훈련을 받는다.

여성들은 군 복무를 자원할 수 있고, 2004년부터는 전투 부대를 포함한 모든 부대에 입대할 수 있다. 그러나 2015년 현재 여군의 수는 불과 1,061명으로 전체 병력의 0.6%를 차지한다.

2013년 스위스 유권자들은 평화주의자들이 제기한 징병제 폐지안을 압도적으로 부결시켰다. 유럽의 대다수 국가들이 최근 몇 년 동안 의무복무제를 폐지하거나 유예한 상황에서 군대는 (역설적이게도) 중립국인 스위스에 꼭 필요한 존재이다.

06

여가생활

스위스인들은 아름다운 알프스산맥을 십분 활용한다. 알프스산맥의 스키장에서 스키를 잘 타지 못하는 사람은 좀처럼 눈에 띄지 않는다. 스위스인들은 자국의 스키 선수들이 스키 월드컵 대회에서 국민적 자부심을 높여줄 것을 기대하고, 이웃 나라 선수들이 메달을 휩쓸면 스위스 선수들을 신랄하게 비난한다.

여가 시간

스위스인들에게는 여가 시간이 무척 부족하다. 따라서 일단 여가 시간이 생기면 짜임새 있게 활용한다. 그들은 냉정하고 과묵한 성격으로 유명하고, 비사교적인 사람이라는 인상을 풍길 수 있다. 그러나 일하느라 바쁜 평일이 마무리된 뒤 그들이 최고의 만족감을 느끼는 것은 다른 사람들과 함께 모여 보내는 시간이다.

동아리와 단체

독일계 스위스인들은 평균 5개의 클럽에서 활동한다. 동아리는 맥주를 마시거나 카드놀이를 즐기는 친목회인 슈탐티슈 같은 비형식적 모임부터 정치, 문화, 전문직, 스포츠 같은 분야의 더 형식적인 단체에 이르기까지 다양하다. 스위스에 한동안 머물 예정이면 영어를 쓰는 외국인을 위한 몇몇 동아리와 단체가 도움이 될 것이고, 거기서 다양한 교제 기회를 포착할 수 있을 것이다. 그러나 현지 지역 사회에 융화되고 싶은 사람이라면 지역 단위의 동아리와 단체에 가입하는 편이 나을 것이다. 그런 단체의 교육 과정은 스위스인들에게 인기가 있으며 몇몇 단체에서는 다양한 성인 교육 프로그램을 운영한다. 최대 규모를 자랑하는 미그로 클럽 스쿨은 300개 이상의 강좌를 운영하고, 대부분의 강좌는 어학(스위스 독일어 수업), 미술, 공예, 스포츠 같은 분야이다.

많은 스위스 남성들의 사회생활에는 동업조합 회원 활동이 포함된다. 역사적으로 동업조합은 특정 직업에 종사하는 사람들의 단체였다. 오늘날 동업조합은 슈라이너스Shriners 같은 북미의 단체와 유사하다. 동업조합은 음식과 음료와 대화를 즐기는 사람들을 위한 사교 단체일 수 있고, 혹은 생각이 서로 비슷하고 경제적 영향력이 있는 남성들의 정치 단체일 수도 있다. 위촉을 통해서만 얻을 수 있는 동업조합의 회원 자격은 기존 회원의 가족과 일정한 사회적 지위에 오른 사람들에게 부여된다.

독일어권에 비해 나머지 언어권에서는 동업조합 같은 형식적 단체가 많지 않다.

식당

스위스의 어느 지역을 가든 가까운 곳에 식당이, 그것도 훌륭
한 식당이 있다. 스위스에는 약 2만 7,000개의 식당이 있다. 주
요 도시의 거리를 걸어가든 마터호른산 근처에서 스키를 타든
토요일 오후에 숲에서 산책하든 맛있고 따뜻한 식사를 즐길
만한 장소, 혹은 뜨거운 럼주차로 몸을 녹이면서 담소를 나

눌 만한 장소가 눈에 띌 것이다. 식당과 지역적 풍미는 스위스인들의 여가 활동에서 중요한 역할을 차지한다. 식당 이용료는 일반적으로 북유럽 국가들에 비해 약간 비싼 편이다. 조금 더 품격 있는 음식과 서비스를 즐기고 싶다면 매우 비싼 가격을 지불해야 할 것이다. 식당의 영업 시간을 확인하기 바란다. 오후 2시 이후에는 식당에서 점심을 먹기 어렵다.

이웃 나라인 독일과 달리 스위스에는 선술집 문화가 발달하지 않았다. 특히 스위스의 독일어권에서는 음주보다 멋진 식사와 담소가 더 중시된다. 그렇다고 해서 스위스인들이 최상품 포도주나 그라파^{grappa}(이탈리아산 브랜디의 일종 - 옮긴이)의 진가를 모르는 것은 아니다. 그런 술은 사람들이 근사한 식사를 즐길 때 배경 역할을 톡톡히 한다.

각 언어권의 식당에서 선보이는 요리법에는 이웃 나라들의 영향이 배어 있다. 독일계 스위스인들은 양배추와 감자를 곁들인 돼지고기와 송아지고기 요리와 묽은 수프를 즐긴다. 뢰스티는 잘게 썬 감자로 만든 요리로 하루 중 어느 때나 먹을 수 있다. 독특한 풍미의 진한 양념과 후식도 매력적이다. 비르허 뮈슬리(과일과 요구르트를 곁들인 독일식 곡물 요리 - 옮긴이)는 스위스인들이 점심 식사로 즐기는 음식이고, 샬레라는 우유를 탄 커피

와 함께 먹는 음식이다. 포도주는 독일어권 전역에서 생산된다. 품질에 따라 포도주 자체만 음미할 수 있고, 혹은 퐁뒤를 만들 때 냄비에 넣을 수도 있다. 독일계 스위스인들은 늘 오랫동안 앉아 점심을 먹지는 않는다. 패스트푸드 체인점이 늘어나는 추세이지만, 일반적으로 독일어권의 스위스인들은 급할 경우 야외에서 브라트부르스트와 세르블라 같은 소시지를 석쇠로 구워 껍질이 딱딱한 롤빵과 함께 먹는 데 만족한다.

· 퐁뒤와 라클렛 ·

퐁뒤와 라클렛은, 그리고 이 두 가지 전통 음식을 먹는 방법은 스위스인들의 사교 방식을 보여주는 좋은 사례이다. 중세 시대 고산 지대의 목동들은 치즈를 시뻘건 숯 가까이에 놓아두면 녹아내리는 껍질 부분을 긁어내어 다른 음식과 곁들여 먹을 수 있다는 사실을 알아냈다. 거기서 라클렛('긁어낸다'라는 뜻)이 유래했다. 이후 비슷한 요리인 퐁뒤처럼 라클렛도 데우기만 하면 먹을 수 있는 실용적 음식에서 식탁에 둘러앉아 장시간 대화를 나누면서 먹는 요리로 발전했다.

프랑스어권에는 스위스에서 가장 큰 호수가 여러 개 있다. 이 점은 프랑스어권의 요리에 영향을 미치고 있다. 이 지역에서는 아마 치즈 퐁뒤와 라클렛보다 호수에서 잡은 물고기로 만든 생선 요리를 훨씬 더 자주 먹을 것이다. 스위스산 포도주의 대부분은 프랑스어권에서 생산된다. 물론 포도주는 프랑스식 스위스 요리법에서 중요한 역할을 하고 있다. 프랑스인들은 예나 지금이나 포도주를 즐겨 마시지만, 독일인들은 전통적으로 맥주를 좋아한다. 독일계 스위스인들 사이에서 포도주가 인기를 끈 것은 최근의 일이다. 프랑스어권에서 맥주는 갈증을 풀어주는 음료수로 통하고, 특히 레모네이드와 섞은 칵테일 형태(파나시)를 띨 때가 많다. 프랑스계 스위스인들은 느긋한 점심 시간을 선호하지만, 급한 약속이 있을 때는 노점에서 이탈리아식 샌드위치인 파니니를 사먹기도 한다.

이탈리아계 주민들은 완전한 스위스인으로 간주되지 않으면 무척 불쾌해할 것이다. 하지만 그들의 식습관은 완전히 이탈리아식이다. 티치노주에는 토르타.디 파네(초콜릿과 건포도를 곁들인 빵 푸딩)와 소시지 요리인 모르타델라 에 렌티키에 같은 특별히 맛있는 음식이 몇 가지 있다. 리소토, 국수, 뇨키, 라비올리 등은 스위스인의 식탁에 오르는 진정한 이탈리아 요리의 대표 주자들이다. 시간이 촉박할 때 인기 있는 음식은 피자이다.

· 팁 주기 ·

대다수 호텔, 식당, 술집의 계산서에는 15%의 봉사료가 포함되어 있다. 봉사료는 택시 요금과 이발 및 미용 요금에도 포함되어 있다. 따라서 서비스가 정말 마음에 들 때만 팁을 주기 바란다. 드러내놓고 많은 팁을 주는 것은 품위가 없고 허세를 부리는 행동으로 비칠 수 있다.

물론 스위스 곳곳에는 다양한 지역적 특색을 자랑하는 식당이 있고, 스위스인들은 여러 지역의 다양한 요리를 맛볼 수 있다. 하지만 스위스인들이 공통적으로 즐기는 몇 가지 음식으로는 샐러드, 치즈, 맛있는 빵, 초콜릿 등을 꼽을 수 있다. 외식비가 부담스러워 집에서 식사를 해결한다면 스위스인들은 틀림없이 이 네 가지 음식을 먹을 것이다. 물론 커피도 빠트릴 수 없다.

커피와 사교

스위스인들이 커피와 커피를 통한 사교 중에서 무엇을 더 좋아하는지는 확실하지 않다. 커피의 맛과 농도는 일반적으로 정통 이탈리아식이 핵심이다. 또한 사람들이 만나 몇 시간 담소를 나누기도 하는 장소인 카페의 분위기도 중요하다. 대부분의 카페에서는 매우 값비싼 증류주도 판다. 스위스의 음주 가능 연령은 16세이다. 친구들은 부산스럽고 담배 연기로 자욱한 카페에서 만나고, 가족들은 아이들을 위한 넓은 공간이 딸린 카페를 선호한다. 두 경우 모두 카페에 가는 이유는 함께 즐거운 시간을 보내기 위해서이다. 독일어권에서는 친구들 끼리 식당에서 단골손님용 탁자인 슈탐티슈에 모여 전통 카드 놀이인 '야스'를 즐기는 모습이 가끔 눈에 띌 것이다. 스위스인 들은 주말에 집에서 텔레비전을 보면서 시간을 보내기보다 차 라리 카페에 들른다. 그들은 유럽의 다른 나라 사람들보다 텔 레비전을 덜 보는 편이고, 신문은 더 많이 읽는다.

기분 전환용

쇼핑 취리히에는 세계적 명소인 반호프 거리가 있다. 대형 백 화점, 소규모 의상실, 각종 전문점 등이 즐비한 이 거리에서 는 스위스 군용 칼을 비롯한 여러 가지 상품을 적당한 가격 에 구입할 수 있다. 유명세는 덜하지만 반호프 거리에 필적하 는 제네바의 상점가는 론 거리이다. 엄청나게 비싼 호텔 숙박 비를 감당할 만큼 부유한 관광객들은 보통 이 거리에서 최고 급 스위스 시계 같은 사치품과 유명 디자이너 상표가 붙은 의 류를 마구 사들인다. 모두가 슈프링글리 초콜릿 같은 특제 초 콜릿을 사고 싶어 할 것이다. 하이마트베르크^{Heimatwerk}는 스위스의 수제 기념품을 판매하는 체인점이다. 상점은 월요일부터 금요일에는 오전 8시나 9시에 문을 열고, 오후 6시 30분이나 6시 45분에 문을 닫는다. 토요일에는 오전 8시부터 오후 4시나 5시까지 영업한다. 일요일에는 문을 열지 않는다. 대다수 도시의 주요 기차역에는 저녁 9시까지 영업하는 상점이 있다.

은행 영업 시간

은행은 월요일부터 금요일까지 보통 오전 8시나 8시 30분부터 오후 4시 30분이나 4시 45분까지 영업한다. 비교적 규모가 작은 마을의 은행만 점심시간에 문을 닫는다. 대부분의 은행은 일주일에 하루 문을 늦게 연다. 영업을 늦게 시작하는 날은 은행의 소재지에 따라 다르다. 관광지와 대규모 쇼핑센터 내부의 은행은 토요일에도 문을 열고, 공항의 은행과 기차역의 환전소는 일요일에도 영업한다. 주요 도시의 24시간 은행 자동화센터를 이용하면 외화를 스위스 프랑으로 교환하고, 외화를 매입하고, 여행자 수표를 구입할 수 있다. 거스름돈도 받을 수 있고, 심지어 대여 금고도 이용할 수 있다.

예술, 음악, 대중문화

일반적으로 스위스는 유럽의 문화 중심지로 평가되지 않지만, 문화는 스위스인의 삶에서 필수적인 부분이다. 다수의 예술가들, 특히 건축가들이 한정된 기회 때문에 조국을 떠나야 했지만 순수 예술과 문화 행사를 향한 대중적 열의는 아직 사라지지 않았다. 스위스인들은 발레 공연을 열심히 관람하고, 수많은 박물관을 충분히 활용하며, 국제 영화제와 매년 세계 각국의 음악가들이 참석하는 야외 음악회를 손꼽아 기다린다.

베른 공연장에서 리허설을 하는 오케스트라

900개가 넘는 박물관을 보유한 스위스는 세계에서 가장 촘촘한 박물관 연결망 가운데 하나를 갖추고 있다(스위스에는 7,500명당 1개의 박물관이 있다). 박물관 수는 1950년 이후 3배가 되었다. 가격이 1년에 90스위스 프랑인 '박물관 이용권'을 구입하면 스위스의 모든 박물관에 입장할 수 있다. 대형 박물관에는 방문객뿐 아니라 현지 주민의 모습도 많이 찾아볼 수 있다. 반면 소규모 향토사 박물관은 사정이 좋지 않고, 재정적 어려움을 겪고 있다. 그동안 개인 수집가들이 바젤 인근의 리넨에 있는 바이엘러 재단, 바젤의 팅겔리 박물관, 베른의 파울 클레 센터 같은 일류 박물관을 많이 설립했다.

역사적으로 현대주의 화가 파울 클레, 조각가 알베르토 자코메티, 위대한 건축가 르 코르뷔지에, 영화감독 장 뤽 고다르 같은 스위스 출신의 많은 예술가들이 국외에서 명성을 떨쳤다. 스위스는 너무 '촌스러운' 곳으로 인식되었고, 스위스 예술가들은 외국 문화에서 영감을 얻었다.

제1차 세계대전이 벌어지는 동안 스위스의 예술계는 성장을 구가했다. 그것은 스위스의 중립적 지위 덕택이었다. 취리히의 구시가지에 있었던 유명한 술집 카바레 볼테르는 다다이즘의 발상지였다. 스위스로 피신한 화가들과 시인들이 전쟁의 무분별한 폭력에 맞서 다다이즘 운동을 시작한 곳이 바로 여기였다. 다다이즘 운동은 뉴욕, 베를린, 파리 등지의 예술가들과 문인들에게 영감을 줬다. 오늘날 다다이즘 운동은 초현실주의의 출현을 앞당긴 기폭제로 평가된다.

제2차 세계대전이 발발하자 스위스에는 또다시 각 분야의 예술가들이 모여들었다. 구성주의적 관념과 바우하우스 사상에 영향을 받은 막스 빌과 리하르트 파울 로제^{Richard Paul Lohse} 같은 스위스의 예술가들은 기하학적 회화 및 조각을 가리키는 구체예술을 주창했다. 취리히의 구체예술 운동은 20세기 국제

베른에 있는 박물관인 파울 클레 센터

예술계에 중요한 영향을 미쳤다. 오늘날 구성·구체·개념예술재단은 취리히의 구체예술 전용 박물관을 후원하고 있다.

스위스에서는 세계 각국의 언어로 연극, 오페라, 발레 등이 활발하게 공연된다. 특히 영어 사용자들로 구성된 연극 단체의 활동을 눈여겨볼 만하다. 1954년 스위스에서 영어로 진행되는 공연을 찾아보기 어려운 점을 안타깝게 여긴 영어 사용자들이 모여 연극 동아리인 취리히 희극단[ZCC]을 결성했다. 오늘날, 취리히 희극단은 만석을 이룬 관객 앞에서 정기적으로 공연하고 있을 뿐 아니라 스위스 문화와 앵글로색슨 문화 사이의 가교 역할을 맡은 공로를 인정받아 여러 차례 상을 받았다. 영어로 공연하는 다른 연극단들은 대부분 바젤, 제네바 호 지역, 취리히 등지에서 활동하고 있다.

스위스의 음악계는 활발하다. 여름 내내 야외에서 대중가 요, 록, 재즈 같은 다양한 장르의 음악 축제가 열린다. 가장 유 명한 음악 축제로는 세계적인 유명 음악가들이 출연하는 몽트 뢰 재즈 축제를 꼽을 수 있다. 고전음악 애호가들에게는 루체 른 문화컨벤션센터의 부활절 음악회, 그슈타트의 메뉴인 축제, 장크트모리츠의 설상 교향악 축제가 압권일 것이다. 각종 음 악회에 관한 정보는 www.ticketcorner.ch를 참고하기 바란다.

야외 활동

스위스에서 야외 활동은 여가 시간의 핵심이다. 스위스의 국 토는 남녀노소의 놀이터이다. 과연 다른 어느 나라에서 썰매 를 타고 언덕을 내려오는 중년 여성의 모습을 볼 수 있을까? 스위스에는 5만km 이상의 지정된 오솔길이 있고, 걷기는 계절 에 상관없이 온 국민이 즐기는 취미이다. 숲속 오두막집인 발 트휘테는 여름이나 겨울에 임대할 수 있고, 파티를 열기에 적

격인 시설이다. 장작불을 피워 온기를 유지할 수 있고, 이웃의
눈치를 볼 필요가 없다. 스위스인들은 아름다운 알프스산맥을
십분 활용한다. 알프스산맥의 스키장에서 스키를 잘 타지 못
하는 사람은 좀처럼 눈에 띄지 않는다. 스위스인들은 자국의
스키 선수들이 스키 월드컵 대회에서 국민적 자부심을 높여
줄 것을 기대하고, 이웃 나라 선수들이 메달을 휩쓸면 스위스

선수들을 신랄하게 비난한다.

여름에 아우토반에서는 자전거를 타는 남녀노소의 모습이 여기저기 눈에 띈다. 수영장과 호수와 수상 공원은 6월부터 9월까지 가족 단위의 행락객들이 즐겨 찾는 곳이다. 호수가 많은 스위스에는 요트 타기 전통이 매우 확고하게 남아 있다.

요트 타기 외에도 스위스인들은 조정, 아이스하키, 체조, 축

구, 골프, 승마, 사격, 패러글라이딩, 익스트림 스포츠(협곡 타기, 암벽 등반, 등산) 등을 즐긴다. 대체로 스위스인들은 '건강한 삶'을 무척 챙긴다. 스위스에는 세계 수준의 온천 휴양지가 몇 군데 있다.

07

여행, 건강 그리고 안전

알다시피 스위스는 관광업이 발달한 나라이다. 세자르 리츠 같은 전설적인 호텔 경영자들은 세계 굴지의 호텔을 지었고, 스위스를 경쟁력 있는 관광지의 반열에 올려놓았다. 지금도 스위스는 훌륭한 호텔과 세계 정상급의 호텔경영학교로 유명하다. 스위스의 어느 곳을 여행하든 간에 나쁜 호텔을 찾아보기 힘들 것이다.

비자

서유럽 국가의 국민이 아닌 사람들이 스위스에 입국하려면 대부분 비자가 필요할 것이다. 여러분이 살고 있는 나라의 스위스 대사관이나 영사관에 꼼꼼히 문의하기 바란다. 취업 목적의 비자가 필요한 경우에는 취업 제의서가 여권과 함께 스위스 대사관이나 공사관에 전달되어야 한다. 신청자가 취업 제의에 응하는 즉시 스위스의 고용주는 주 단위의 외국인 감독청에 체류 허가를 신청한다. 신청이 승인되면 비자가 발급된다.

유럽 각국의 자유로운 국경 간 통행을 보장하는 셍겐 조약에 가입한 나라의 국민은 여러 가맹국과 상호 합의를 맺은 스위스에서 우대를 받는다.

【 체류 허가증 】

외국인에 대한 체류 허가증은 계절 비자(A형), 1년 비자(B형), 영구 비자(C형) 같은 몇 가지 종류가 있다. 대다수 사람들에게는 매년 갱신해야 하는 B형이 발급된다. B형을 받은 사람은 해당 허가증을 발급한 주에서만 체류할 수 있다. B형에는 스위스 체류 목적이 표시될 것이다. 배우자를 따라온 사람은 '배우자 동반'으로, 부모와 함께 온 18세 미만의 아이들은 '부모 동반'으로 분류될 것이다. B형에 고용주의 이름이 기재되어 있으면 그것은 체류 비자일 뿐 아니라 취업 비자이기도 하다. 보통 B형 취득자가 5년 동안 계속 스위스에 체류하면 출신 국가에 따라 C형이 발급된다. C형 취득자들은 새로 취업 허가를 신청하지 않아도 이직과 다른 도시로의 이주가 허용된다. 그들은 최대 2년까지 스위스를 떠나 있어도 영구 거주 권리가 박탈되지 않는다. C형을 취득하면 사업과 부동산 소유의 측면에서도 유리한 점이 있다.

운전

스위스의 도로는 효율적인 색별 체계에 따라 구분된다. 초록색 표시는 고속도로를 가리킨다. 파란색 표시는 일반 도로를 나타낸다. 흰색은 비교적 작은 도로를, 노란색은 차량통행로 옆의 도로나 산책로를 나타내는 표시이다. 스위스에서 운전할 때는 연간 고속도로 통행권인 비네트가 필요하다. 비네트의 가격은 약 40스위스 프랑이지만 비네트 없이 고속도로를 달리다

스위스 남동부 브레갈리아의 말로자 패스

가 적발되면 현장에서 100스위스 프랑의 벌금이 부과될 것이다. 물론 고속도로 대신에 농촌 지역을 지나가는 우회로를 선택해도 된다. 시간이 더 오래 걸리겠지만, 눈부시도록 아름다운 풍경을 감상할 수 있을 것이다.

자동차를 소유한 사람은 3년마다 자동차 정기 검사(독일어로는 모토르파르초이크콘트롤레, 프랑스어로는 콘트롤 데 베이큘)에서 아 모퇴르 또는 엑스페티즈를 받아야 한다. 검사를 받아야 할 때가 되면 검사소 측에서 자동차 소유주에게 연락해온다. 이 공식적인 검사를 통한 차량 관리 방식 외에 스위스인들은 자동차를 청결과 성능 측면에서 꼼꼼하게 보살핀다. 법적으로 운전자는 사고나 고장을 대비해 운전석 가까이에 빨간색 비상 삼각 표지판을 비치해둬야 한다. 스위스에 거주하는 외국인 운전자들은 해마다 겨울에 겨울용 타이어로 교체해야 한다는 법 규정을 성가시게 여긴다. 특정 지역에서 필요한 타이어 체인 같은 동계 장비도 마찬가지이다.

운전면허를 딸 수 있는 최저 연령은 18세이다. 음주운전에 해당하는 혈중 알코올 농도는 혈액 100ml당 알코올 50mg이다. 음주운전 기준치를 넘은 상태에서 운전을 하다가 적발되면 상당한 수준의 처벌을 받는다. 혈중 알코올 농도가

50~79mg이면 경고와 벌금이 부과되고, 80~100mg일 경우 최소한 3개월 운전면허가 정지되고 벌금을 내야 하거나 최고 3년형이 선고되기도 한다. 과속에 따른 벌금은 속도위반 정도에 따라 다르게 부과된다. 스위스의 도로 곳곳에는 과속 단속 카메라가 설치되어 있다. 교통 신호등에도 단속 카메라가 장착되어 있다. 만약 신호를 무시하고 달리면 250스위스 프랑의 벌금이 부과될 것이다.

외국 운전면허증이나 국제 운전면허증 소지자들은 스위스에서 최대 1년 동안 운전할 수 있지만, 1년이 지나면 스위스의 운전면허증을 신청해야 한다. 면허증을 신청할 때는 자신이 거주하는 주의 차량 등록소에서, 혹은 공인 안경사를 통해 신청서를 구할 수 있다. 후자의 방법을 선택한 경우 필수 시력 검사도 함께 받을 수 있다. 그렇게 취득한 스위스 운전면허증은 평생 동안 유효하다. 스위스자동차클럽과 스위스투어링클럽 같은 자동차 운전 관련 단체의 회원은 24시간 서비스 센터의 전화번호인 140번에 문의하면 무료로 도움을 받을 수 있다. 회원이 아닌 사람도 140번을 이용할 수 있지만, 서비스 요금이 비싸다.

기차

스위스에서는 굳이 자동차를 갖고 있을 필요가 없다. 총 6,300km에 이르는 기차, 트램, 트롤리버스, 공중 케이블카 등의 노선망을 통해 어디든 원하는 곳에 편하게 갈 수 있다. 그중에서 2,000km의 교통망은 국가가 아닌 주 정부나 100여 개의 민간 철도 회사가 운영한다. 스위스의 대중교통은 실용적이고, 이용자 수는 유럽 주요 도시의 평균치보다 2배 많다. 효율성과 질서는 스위스의 특징이다. 기차는 정시에 도착한다. 아침 일찍 집을 나선 통근자들은 기차가 1~2분 늦게 도착하면 당황한 눈빛을 교환하기 시작할 것이다. 대개의 경우 기차의 정시 출발 및 도착을 방해하는 요소는 보수 작업이나 악천후밖에 없다. 모든 교통망이 적절히 연계되어 있기 때문에 버스, 기차, 선박 등을 갈아타는 데 어려움이 없다. 스위스 연방철도는 언어권별로 다른 머리글자로 불린다. 독일어권에서는 SBB, 프랑스어권에서는 CFF, 이탈리아어권에서는 FFS로 불린다. 비용을 둘러싼 불만은 표시하지만 스위스인들은 유럽의 다른 나라 국민들보다 철도를 더 많이 이용한다. 할인 요금과 정기권에 대해 꼭 문의해보기 바란다. 대부분의 기차역에서는 자전

스위스 동부 그라우뷘덴에 있는 계곡의 철교, 란트바써 비아둑트

거를 빌릴 수 있다. 기차에 실을 수도 있지만 추가 요금을 내
야 한다.

그 밖의 교통수단

노면전차와 기차와 버스와 배를 이용하는 전국 규모의 효율적
인 교통체계 외에, 최근 들어 자동차 공유 서비스 같은 다양한
교통수단이 활용되고 있다. 모빌리티 카셰어링^{Mobility Carsharing}은
사용자가 차량 공유 인원을 모집할 때나 스위스 곳곳의 여러

장소에서 편도 및 왕복 여행을 떠날 때 자동차를 빌릴 수 있는 자동차 대여 서비스를 제공한다(www.mobility.ch). 가끔 이용하기 힘든 경우가 있는 일반 택시 외에, 차량 호출 서비스인 우버[Uber]가 현재 취리히, 바젤, 제네바, 로잔 등지에서 영업 중이고, 앞으로 영업 범위를 확대할 예정이다. 전기자전거를 포함한 공유자전거는 스위스 전국에 설치된 퍼블리바이크의 250개 정류장에서 이용할 수 있다. 최근에는 자유거치식 전동킥보드가 라임[Lime]과 버드[Bird] 같은 국제적 공유 전동킥보드 업체들에 의해 도입되었다. 이용하고 싶은 킥보드를 운영하는 업체의 애플리케이션을 깔고 그 킥보드의 QR 코드를 전화기로 스

캔한 뒤 타고 가면 된다.

숙박

알프스산맥은 언제나 스위스로의 여행뿐 아니라 스위스 내부
에서의 이동도 가로막는 어마어마한 장애물이었다. 19세기 초
반 이전까지 외국인들은 스위스 농촌 지역의 빈곤과 험난한
지형에 매력을 느끼지 못했다. 그 무렵 루소, 바이런, 괴테 같

은 문필가들은 스위스의 경치를 낭만적으로 묘사했고, 그것은 훗날 영국의 여행자들이 모험을 꿈꾸며 스위스로 떠나는 계기가 되었다. 알다시피 스위스는 관광업이 발달한 나라이다. 세자르 리츠 같은 전설적인 호텔 경영자들은 세계 굴지의 호텔을 지었고, 스위스를 경쟁력 있는 관광지의 반열에 올려놓았다. 지금도 스위스는 훌륭한 호텔과 세계 정상급의 호텔경영 학교로 유명하다.

스위스의 어느 곳을 여행하든 간에 나쁜 호텔을 찾아보기 힘들 것이다. 스위스의 고급 호텔이 취향에 맞지 않거나 숙박료를 감당하기 어려운 사람은 분위기가 독특한 소규모의 조식 제공 숙박 시설이 더 편할 것이다. 보통 한 번에 일주일씩 빌리는 휴가용 아파트는 가족이 함께 휴가를 보내기에 적당하다. 별 하나부터 다섯 개까지의 다양한 숙박 시설 가운데 가장 적합한 곳을 찾아낼 수 있지만, 성수기에는 일찍 예약해야 한다. 요즘 스위스인들은 야영과 이동식 주택을 이용하는 여행을 무척 좋아한다. 고요한 호숫가나 숨 막힐 정도로 아름다운 계곡에는 야영에 적당한 장소가 있기 마련이다. 80여 개에 달하는 농촌 지역의 유스호스텔에 묵으면 경비를 아낄 수 있지만, 스위스유스호스텔연맹[SYHF]이나 국제유스호스텔연맹의 회원이나 회원 가족만 이용할 수 있다.

스키 리조트

스위스 고산 지대의 아름다운 환경은 1세기가 넘도록 모험을 꿈꾸는 관광객들을 유혹하고 있다. 오늘날에는 기나긴 산길과 신선한 공기만으로 매력을 느끼기에는 부족하다. 활기가 넘치

체르마트는 스키 천국인 마터호른산의 본거지이다.

는 스위스의 휴양지는 특유의 세련미와 국제적인 감각으로 유
명하다.

스키 리조트는 휴가용 아파트, 산중 오두막, 숙박료가 비싼
호텔 같은 각종 편의 시설을 갖추고 있다. 이 책의 부록에는
스위스의 주요 스키 리조트가 소개되어 있다.

건강과 안전

스위스의 보건 제도는 품질과 효율성의 측면에서 세계 최고
수준을 자랑한다. 스위스는 환자 대 의사 비율이 세계에서 가
장 높다. 건강보험료는 북미와 스웨덴 다음으로 비싸지만 스위
스에서는 대기자 명단이나 진료 수준에 대해 걱정할 필요가
없다. 스위스는 일본 다음으로 기대수명이 높은 나라이다. 스
위스 여성의 기대수명은 85세이고, 남성은 81세이다.

스위스에 거주하는 사람은 누구나 건강보험에 가입해야 한
다. 병원에서 진료비 청구서를 받으면 일단 납부한 뒤 건강보험
기금이나 보험 회사에 알린다. 나중에 건강보험기금이나 보험
회사가 진료비의 최대 90%까지 되돌려줄 것이다.

    요즘 스위스에서는 '건강한 삶'이라는 개념이 유행하고 있다. 스위스인들은 세계적으로 유명한 여러 온천에서 다양한 요법을 무기로 노화와 싸우고 있다. 북미나 영국과 달리 스위스에서 대체의학은 주변부에 머물지 않는다. 심지어 건강보험도 적용된다. 가벼운 질환으로 약국(독일어로는 아포테케, 프랑스어로는 파마시)에 가면 약사는 동종 요법이나 약초 요법도 권할 것이다. 도시에는 밤늦게까지 영업하는 약국이 많고, 몇몇 약국은 24시간 문을 열기도 한다. 영업이 끝난 약국의 창문에는 가장 가까운 곳에 있는 연중무휴 '응급 약국'에 대한 상세 정보가 게시되어 있다.

    스위스의 범죄율은 다른 서구 국가들에 비해 낮다. 모든 척도로 볼 때 스위스는 거주하기에, 그리고 여행하기에 안전한 나라이다. 그런데 최근 몇 년 동안 경범죄와 소매치기 사건이 늘고 있다. 범죄 건수는 외국에 비해 많지 않지만, 기차역 같은 대규모 공공 구역에서는 범죄를 조심할 필요가 있다.

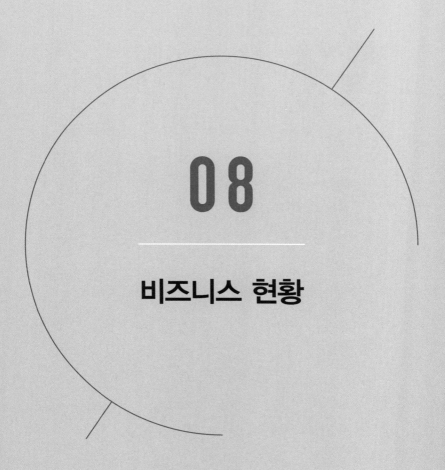

08

비즈니스 현황

스위스인의 말은 그대로 믿어도 좋다. 그들은 겉과 속이 같다고 보면 된다. 솔직한 자세로 협상에 임하고 모든 측면을 살펴보려고 최선을 다한다. 심지어 자신의 이익과 직접적인 관련이 없을 때조차 상대방에게 도움이 되는 방안을 내놓을 수 있다.

경제

로잔에 있는 세계 유수의 경영대학원인 국제경영개발원IMD은 해마다 〈세계경쟁력 연감〉을 발표한다. 이 보고서에는 특정 국가의 환경이 해당 국가의 경쟁력 수준을 유지하는 방법을 분석하기 위해 경제 실적, 정부 효율성, 기업 효율성, 기반 시설 같은 척도를 활용하는 종합적인 국제 경쟁력 조사 결과가 담겨 있다. 2019년의 경우 스위스는 총 63개의 국가별, 권역별 경제 가운데 4위에 올랐다. 스위스보다 앞선 곳은 싱가포르, 홍콩, 미국밖에 없다.

스위스의 순위가 상승한 요인으로는 경제 성장, 스위스 프랑화의 안정성, 잘 관리되고 있는 경제적 기반 등이 꼽힌다. 스위스는 교육 부문도 우수했다. 총 63개국 중 대학 교육과 경영 교육, 보건, 그리고 특히 삶의 질 분야에서 1위에 올랐다.

노사 관계

스위스는 지속적인 '노사 평화'로 유명하다. 스위스는 다양한 사회적·경제적 세력 간의 균형을 세심하게 맞춘 덕분에 심각한 사회적 충돌을 가까스로 피해왔다. 오래전부터 고용주와 고용인이 협상을 통해 불만을 해결한다는 합의가 있었다. 파업은 드물다. 노동조합과 전문직 협회 같은 각종 압력 단체들은 경제 정책 수립과 관련해 저마다 발언권이 있다.

결사의 자유는 법률과 헌법에 의해 보장된다. 노동조합은 파업권이 있지만, 실제로 파업권을 행사하는 경우는 드물다. 전국 차원의 단체 협약과 산업 분야별 단체 협약은 흔하고, 노동 정책 수립 과정에서는 산업별 노동조합의 협력이 따른다.

단체교섭에 관한 규정은 분야와 지역에 따라 다르다. 교섭은 대부분 회사 단위에서 진행된다. 연방과 주 차원에서 단체 쟁의를 공식적으로 조정하고 중재하도록 법률에 규정되어 있고, 조정과 중재가 실패해도 구속력 있는 행정 조치를 통해 문제를 해결할 수 있다.

고용주들을 대표하는 조직인 스위스 사용자단체 중앙연합회ZSAO는 회원들을 위한 전반적인 정책을 개발하고 시행한다. 이 조직에서 가장 중요한 단체는 약 600명의 사업주가 가입한 스위스 엔지니어링부문 사용자협회ASM이다.

일반적으로 이윤을 공평하게 배분하면 고용주와 고용인 간의 지속적인 대화가 촉진된다. 일반적으로 근무일은 월요일부터 금요일까지이고, 근무 시간은 보통 오전 7시 30분부터 오후 5시 30분 사이이다. 법적으로 일주일 노동 시간은 40시간이지만, 특정 분야는 일주일에 41~42시간 일한다. 많은 사무실에서 근무 시간 자유 선택제가 시행된다. 그렇게 하려면 모든 직원이 '블록 타임'으로 불리는 특정 시간 동안에 현장에 있어야 하고, 일을 더 일찍 시작하거나 더 늦게까지 하거나 점심시간을 줄임으로써 추가 시간을 만들어내야 한다. 스위스에서 초과 근무는 무척 흔하다. 대다수 회사들은 4주간의 연차 휴가를 준다. 최고경영진에 속한 관리자나 연령이 50세에 접어든 직원의 경우 연차 휴가 일수가 5주로 늘어난다.

프레젠테이션과 경청 방식

북미인이나 영국인의 시선으로 보면 독일계 스위스인들은 업무상의 관계에서 너무 비판적인 태도를 취한다. 선천적으로 그들은 건설적인 비판에 칭찬을 섞지 못한다. 하지만 독일계 스위스인들은 그저 할 일을 할 뿐이고, 당장의 용무를 처리하면서 개인적 색채를 드러낼 이유가 없다. 그들은 업무상의 상호 작용에서 긍정적이거나 부정적인 감정을 많이 드러내지 않는다. 너무 큰 목소리로 말하는 것조차 감정 과잉으로 해석될 수 있다. 언제나 대립을 피하려고 애쓴다. 지나치게 감정적인 행동을 경계하고, 타인의 감정적 행동을 신뢰하지 않는다. 이같은 신중함은 업무상 발표에 임하는 외국인에게 약간 당황스러운 태도일 수 있다. 감정을 표현하지 않기 때문에 속마음을 알 수 없다. 이때 최선의 행동 수칙은 모든 자료를 꼼꼼히 챙

기고, 곧장 사업 이야기로 넘어가는 것이다. 반면 프랑스계 스위스인들은 훨씬 더 느슨한 편이다.

자기 홍보가 성공의 중요한 열쇠인 경쟁적 환경에 익숙한 외국인의 관점에서 스위스인 동료들은 열의가 없어 보일 수 있다. 스위스인들은 업무 결과가 명백하면 굳이 자기 홍보에 나설 이유를 느끼지 않는다. 독일계 스위스인들은 권력을 놓고 경쟁하지 않는 편이다. 그들은 남보다 두드러져 보이는 데 익숙하지 않고, 그렇게 보이는 상황을 피할 것이다. 심지어 부하 직원과 사장을 쉽게 구별할 수 없을 때도 있다. 사장은 비서를 두지 않을 가능성이 높다. 사장실도 부하 직원의 사무실과 별로 다르지 않을 것이다. 하지만 프랑스어권의 회사에서는 사장이 누구인지 쉽게 구별할 수 있다. 프랑스계 스위스인들은 서열을 더 따지고, 사장을 공손하게 대할 것이다.

지위를 활용하지 않으려는 태도 외에 사장이 부하 직원보다 더 거드름을 피우지 않는 이유가 하나 더 있다. 스위스의 기업 문화에서는 최고경영진조차 사업상의 회의 같은 용무를 스스로 챙기는 것이 보통이다. 이것은 개인적 책임감을 중시하는 기업 문화가 반영된 현상으로 볼 수 있고, 아울러 스위스인들이 그토록 장시간 일해야 하는 이유일지 모른다.

라틴계 스위스인들은 대체로 독일계에 비해 사생활을 더 중시하고, 더 일찍 퇴근하는 경향이 있다. 선택의 여지가 있다면 급한 서류를 처리하기보다 아페로에 참석할 것이다.

예절과 관례

외국인과의 사업과 거래에 무척 익숙한 스위스인들은 외국인을 매우 친절하게 대하고, 격식과 관련한 외국인의 실수(예를 들면 사업상의 회의에서 상대방의 이름을 부르며 말을 거는 행동)를 눈감아주는 편이다. 그러나 스위스에서 일하는 외국인은 스위스인 특유의 방식을 파악해야 생산적인 사업 관계의 걸림돌을 피할 수 있다.

스위스에서 통용되는 사업상의 예절과 관례를 제대로 알고 있으면 첫인상을 좋게 남길 수 있고, 향후의 거래가 용이해질 것이다. 비교적 격의 없는 방식으로 거래에 임하는 미국이나 영국의 사업가들은 상황에 따라, 그리고 그들이 상대하는 스위스 사업가의 가치관에 따라 건방지거나 무례한 사람으로 비칠 수도 있다.

스위스인들은 지각을 못마땅하게 여긴다. 업무상의 회의에서는 시간 엄수가 중요하다. 부디 사전 준비를 철저히 하고 회의의 의도를 분명히 새겨 필요한 정보를 모두 갖춘 채 참석하기 바란다. 첫인상이 중요하기 때문에 시작부터 스스럼없는 잡담을 하거나 농담을 던지지 말아야 한다(특히 독일어권에서는 이 점을 명심해야 한다). 자칫 미숙하고 부적절한 행동으로 보일 수 있다.

사업용 복장은 격식에 얽매이지 않는 동시에 너무 튀지 말아야 한다. 지나치게 화려한 옷차림은 따가운 시선을 받을 것이다. 독일계 스위스인들은 최고경영자와 만나는 자리가 아닌 한 넥타이를 많이 매지는 않을 것이다. 반면 프랑스계 스위스인들은 옷차림의 격식을 더 따지는 편이다. 분야에 따라 다르겠지만, 사업상의 회의에서 넥타이를 매지 않는 사람이 전혀 없는 경우도 있을 것이다. 어떤 옷을 입든지 깨끗하고 다림질한 옷을 입는 것이 중요하다. 산뜻하고 단정한 복장이 핵심이다. 칸막이를 최소화한 사무 공간이 점점 늘어나기 때문에 책상을 깔끔하게 관리하는 것이 중요하다.

【 사업상의 회의 】

사업상의 회의는 격식을 차리는 자리이다. 간부급 관리직이 먼저 발언하기 때문에 누가 책임자인지 알 수 있다. 하급 직원들은 상대방이 말을 걸기 전에 발언하지 말아야 한다. 하급 관리직은 사장을 가리킬 때 항상 형식적 2인칭 대명사 '지^{Sie}'를 쓸 것이고, 사장이 편안하게 불러달라고 말할 때까지 계속 고수할 것이다. 독일어권의 하급 직원들끼리는 사업상의 회의 직후부터 '두^{du}'를 자주 쓴다. 프랑스어권에서는 간부급 관리직과 일반 직원 모두에게 형식적인 2인칭 대명사 '부^{vous}'를 쓰고, 함께 일한 지 몇 년이 지나도 계속 그럴 수 있다.

독일어권에서 사업상의 회의는 간단명료하게 진행된다. 사업 이외의 문제는 전혀 논의하지 않고, 사업과 관계있는 문제도 명확하고 간결하게 다룬다. 사업상의 효과적인 의사소통에는 클라르텍스트, 즉 명확한 표현이 필수적이다. 자신의 의사와 요구를 분명히 밝히기 바란다. 에둘러 말할 시간도 이유도 없다. 약속을 실천하는 자세도 중요하다. 스위스인들은 이 점을 매우 진지하게 여긴다. 그들은 상대방이 어떤 일을 하겠다고 말하면 정말 그렇게 할 것이라고 생각한다.

그러나 곧장 요점으로 들어간다고 해서 예의를 무시하는

것은 아니다. 오히려 스위스인들은 무척 공손하고 정중하다. 사업상의 회의가 열리는 장소에 도착하면 거기에 있는 모든 사람과 악수를 나누는 것이 보통이고, 회의가 끝나 헤어질 때도 마찬가지이다. 참석자의 성명을 부르면서 말을 걸기 바란다(이름이 생각나지 않으면 당사자에게 물어보면 된다). 악수는 성의 있게 하고, 상대방의 눈을 응시하면서 자신감과 솔직함을 전달해야 한다.

자신을 소개할 때는 보통 직함을 밝히지 않는다(잘난 체하는 모습으로 비칠 수 있기 때문이다). 그러나 격식을 차린 소개 자리에서는 동석한 사람들이 당사자의 직함을 알려줄 것이다. 사람들이 이리저리 돌아다니는 사업 관련 행사장에 도착하면 일단 자신을 소개한 뒤 사람들에게 말을 걸기 바란다. 불가피한 상황을 제외하고는 자기소개도 없이 무작정 말을 걸지 말아야 한다. 다른 사람들의 대화에 함부로 끼어드는 것도 금물이다.

매일 직장에 출근할 때는 모든 동료에게 인사를 하는 것, 그리고 아직 소개받은 적 없어도 스쳐 지나가는 사람들에게 아는 체를 하는 것이 통례이다. 점심을 먹을 때 동료들은 맛있는 식사를 바라는 뜻에서 "엔 귀테"나 "봉아페티"라고 말할 것이다. 퇴근할 때는 흔히 저녁 시간을 즐겁게 보내라는 덕담을 나눈다.

프랑스계 스위스인들은 상대적으로 느긋하고 편안하다. 그들은 독일계에 비해 더 격식을 차리고 서열을 중시하지만 동시에 더 집단 중심적이고 관계 지향적이며 더 자연스럽다.

【 사업상의 점심 식사 】

스위스에서는 거래처 사람들과 점심 식사를 하는 것이 관례이다. 이때 비로소 대화 주제가 업무적 사안을 벗어나 더 폭넓어진다. 그러나 독일계 스위스인들에게 개인적 질문을 던지는 것은 부적절하다. 사생활을 둘러싼 정보를 털어놓도록 압박하지 말아야 한다. 절친한 사이가 아닌 한 개인적 질문은 지나친 간섭으로 인식될 수 있고, 대체로 환영받지 못한다.

스위스를 비판하지 말기 바란다. 물론 스위스인들은 과도한 애국심이 없고 때로는 자국을 비판할 수도 있지만, 외국인인 여러분이 굳이 그럴 필요는 없다. 마치 친구인 양 유명인의 이름을 들먹이는 일도 삼가야 한다. 스위스인들은 유명세에 좌우되지 않을 것이다. 허세도 금물이다. 그들 앞에서 아무리 부를 과시해도 소용없을 것이다.

【선물】

거래가 성사된 뒤에는 선물을 교환하는 것이 좋다. 너무 크거
나 비싼 선물은 곤란하다. 천박해 보일 우려가 있다. 선물은
포도주, 초콜릿(스위스산), 담배 등이 적당하다.

협상 방식

스위스인들은 일방적으로 밀어붙이지 않는다. 그래도 원하는
결과를 얻어내는 나름의 방법이 있다. 그것은 그들이 제공하
는 상품과 서비스의 우수한 품질과 깊은 관계가 있다. 굳이 상
품을 강매할 필요가 없는 것이다. 이 같은 자신감 덕분에 그들
은 항상 여유 있게 협상에 임하고 상대방의 주장을 신중하게
검토할 수 있다.

스위스인들은 굳이 모험을 하려 들지 않는다. 협상 테이블
에서 그들은 상대방으로부터 특정 사안을 둘러싼 충분한 정
보와 설득력 있는 주장을 듣고 나서야 동의할 것이다. 고강도
의 압박전술에 흔들리지 않고, 서둘러 결정을 내리지 않을 것
이다. 그들은 대가를 지불하는 만큼 얻어갈 것이라는 점을 여

러분에게 납득시킬 것이다. 스위스인의 말은 그대로 믿어도 좋다. 그들은 겉과 속이 같다고 보면 된다. 솔직한 자세로 협상에 임하고 모든 측면을 살펴보려고 최선을 다한다. 심지어 자신의 이익과 직접적인 관련이 없을 때조차 상대방에게 도움이 되는 방안을 내놓을 수 있다. 교제는 계약이 체결된 뒤에만 가능하다. 계약은 구속력이 있는 것이고, 계약을 지키는 태도가 중요하다.

팀워크

스위스인으로 구성된 프로젝트 팀 내부의 상호작용은 다음과 같이 이루어진다. 초기 단계의 상세한 계획은 필수적이고, 각 임무는 분명하게 규정된다. 팀원들이 각자의 전문 지식을 발휘하는 때가 바로 초기 단계이고, 이 시점에서 내린 결정은 최종적인 것이다. 초기 단계 이후 팀원들은 전체적인 개요와 특정 기간에 수행해야 하는 과제를 확실히 파악한 채 독자적으로 일한다. 그들은 상사의 지속적인 간섭을 불쾌하게 여길 수 있고, 자신이 임무를 수행할 만한 존재로 평가받지 못한다고 판단할 수 있다.

스위스인 특유의 초기 계획 단계는 당면한 일을 처리하고 새로 생긴 문제를 해결하는 데 익숙한 외국인의 시각에서 지루하고 장황한 과정으로 보일 수 있다. 하지만 스위스인들은 일을 운에 맡기려 들지 않는다. 시행착오를 겪으며 접근하는 방법 또한 신뢰하지 않는다.

의사결정

스위스인들의 의사결정 방식에는 스위스의 역사와 현행 정치 제도가 반영되어 있다. 합의가 대원칙이다. 그들은 문제를 몇 가지 다른 시각에서 바라보면서 모든 당사자가 동의할 만한 결정으로 노련하게 다가갈 줄 안다. 물론 여기에는 상당한 시간과 타협이 필요하다(스위스인들은 타협의 명수이다). 이 과정은 토론이라기보다 창조적 집단 사고법에 가깝다. 실제로 모든 사람이 이 같은 의사결정 과정에 만족하는지는 확실하지 않다. 스위스인들은 되도록 충돌을 최소화하려고 논쟁적 태도를 삼가는 편이기 때문이다. 실행 가능한 해법이란 동료들이 나름의 방식으로 사장에게 힘을 실어주는 것을 뜻한다. 그러므로 비교적 하향식 의사결정 방식에 익숙한 외국인은 미처 모르는 사이에 해결책에 도달할 수 있다.

약속과 이행

독일계 스위스인들은 전반적으로 무척 믿을 만한 사람들이다. 일단 어떤 일을 하겠다고 말했으면 실제로 그렇게 할 것이다. 그들이 내거는 약속은 신중한 장시간의 계획에 따른 결과이다. 그들은 모든 관계자로부터 온갖 정보를 수집해 평가한 뒤 최종 결정을 내린다. 거래 과정에서의 청렴성은 '능률적인 체제'가 아주 원활하게 운영될 수 있는 또 하나의 비결이다. 외국인에게 이 과정은 융통성이 없어 보일 수 있다. 스위스인들은 일단 결정을 내리면 그대로 이행될 것으로 여기기 때문이다. 상대방의 말을 곧이곧대로 받아들이기 쉬운 스위스인과 대화하는 외국인은 어휘 선택에 유의해야 하고, 과장된 표현이나 지나친 낙관을 삼가야 한다. 자신이 결정을 더 빨리 내리고 잠정적인 결정도 마다하지 않는다면, 스위스인들은 소심하고 굼뜬 사람으로 보일 수 있다.

경영 방식

스위스라는 국가가 원활하게 운영되려면 대기업이 효율성을 갖춰야 한다. 스위스 대기업의 생산성은 국가와 마찬가지로 분권적인 구조에서 나온다. 분권적인 구조의 대기업에 다니는 직원들은 업무에 대한 자부심과 책임감이 있다. 국가가 그렇듯이 스위스 대기업에서도 강력한 중앙 집권적 권위 대신에 일반적으로 인정되는 규칙과 규정이 강조된다. 독일어권 기업 문화의 영향으로 스위스의 기업 구조는 대부분 이런 식이다.

스위스 기업의 관리자들은 국제적 감각이 뛰어나고, 대개의 경우 국제적인 사업 경험이 풍부하다. 이것은 스위스의 수출 주도적 경제의 자연스러운 결과이다. 스위스 기업이 이 같은 국제적 활동을 펼치는 데는 교육 수준이 높고 여러 언어를 구사할 줄 알며 해외시장에 정통한 관리자들이 필요하다.

그러나 스위스 기업의 경영 방식은 지역에 따라 다르다. 프랑스계나 이탈리아계 기업의 경영진은 서열을 따지고 남성 중심적인 경향이 있다. 프랑스계 기업에서는 동료들이 서로에게 친근한 2인칭 대명사 '튀[tu]'를 쓸 때까지 훨씬 더 오랜 시간이 걸린다. 반면 독일계 스위스인들은 더 임무 지향적이고 평등을 강조한다. 독일계 기업의 관리자들은 상호 협조적 지도력을 발휘함으로써 직원의 적극적인 참여를 유도한다. 그들은 강력한 중앙 집권적 권위에 기대는 프랑스계 스위스인들보다 규칙을 더 잘 지킨다. 스위스의 독일계 기업에서 사장의 역할은 중심을 잡는 것이지 명령을 내리는 것이 아니다.

스위스인과 독일인의 차이

독일인들은 대인 관계에서 스위스인들보다 더 대립적인 자세를 취하는 편이다. 독일인도 대화를 나눌 때 명확한 표현을 중시하지만, 스위스인보다 훨씬 더 직설적이다. 스위스인은 비교적 복잡한 민족 구성의 영향으로 대인 관계를 더 원만하게 유지하는 요령을 익히게 되었다. 고지독일어와 스위스 독일어를 모두 구사할 줄 아는 사람들은 고지독일어가 대체로 더 퉁명스럽다고 느낀다.

어릴 때부터 외부적 권위를 길잡이로 삼으라는 가르침을 받는 스위스인과 달리 독일인은 규칙과 권장 사항에 대해 의문을 제기하고 사물을 스스로 판단하는 경향이 있다.

직장 여성

최근 들어 직장에서 일하는 여성들의 수는 꾸준히 증가했고, 앞으로도 그런 추세가 이어질 것으로 보인다. 세계은행의 자료에 의하면 15세 이상의 여성 가운데 60%가 경제활동에 참여하고 있는데, 이것은 10년도 안 되는 기간에 무려 10%나 늘어난 결과이다. 동일한 연령의 남성들은 전체의 71%가 경제활동에 참여하고 있다. OECD 수치에 따르면 스위스의 남녀 임금 격차는 여전히 15%에 가깝다.

역사상 가장 많은 여성들이 출산 후에도 직장에서 계속 일하려고 하지만, 전반적으로 보육 제도가 부실한 상황이다. 보육 제도는 개선되고 있지만, 운영비가 많이 든다. 일부 주에서는 여전히 급식이 제공되지 않거나 일주일에 이틀만 제공되기 때문에 초등학생들은 점심시간에 집에 가서 식사를 한다. 그

유럽안보협력기구 스위스 대표단 대표 마가레타 키에너 넬렌

런 주에는 방과 후 활동 시설도 부족하다.

　근무 시간의 비율을 기준으로 고용되는 여성들을 심심찮게 볼 수 있다. 임시직과 정규직을 제외하면 스위스 여성은 근무 시간의 60~80%(혹은 미리 정해진 비율의 시간) 동안 일한다. 덕분에 스위스 여성은 가정을 꾸린 뒤에도 더 높은 보수의 일자리를 더 융통성 있게 유지할 수 있다. 결과적으로 육아는 감당할 만한 선택이 될 수 있고, 여성이 더 높은 지위에 오르려고 애

쓸 만한 일정 수준의 동기 부여가 가능하다. 하지만 여성의 성공에 보탬이 되는 기반 시설이 항상 구축되어 있지는 않다.

거의 반세기 전부터 스위스 헌법에는 출산 수당 조항이 있지만, 2005년까지 스위스 여성들은 출산 유급 휴가를 쓸 수 없었다(그동안 출산 유급 휴가 방안은 네 차례의 국민투표에서 모두 부결되었다). 현재 스위스 여성들은 임금의 80%를 받으면서 14주간의 출산 휴가를 쓸 수 있다. 하지만 스위스는 이 부분에서 유럽 다른 나라들에 비해 뒤처져 있다. 이 같은 장애물에도 불구하고 높은 공직에 오른 스위스 여성들이 있다. 2018년 마리나 카로비오 구세티Marina Carobbio Guscetti가 연방의회의 하원인 국민평의회 의장이 되었고, 2019년의 하원 의원 선거에 출마한 후보자들 중 여성의 비율은 40퍼센트였다.

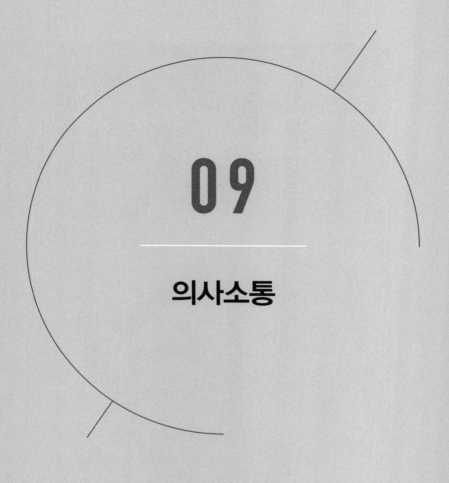

09

의사소통

침묵은 다르게 해석된다. 스위스인은 침묵을 숙고의 표시로 간주할 것이고, 존중의 표현으로 활용할 것이다. 한편 침묵은 상대방의 말에 동의하지는 않지만 굳이 상대방에게 불쾌감을 주고 싶지 않다는 의미일 수도 있다. 어느 경우이든 간에 침묵은 상대방의 견해를 존중하고 기분을 고려하는 것이다.

대면

【언어】

질서의 필요성과 수많은 규칙에 의해 운영되는 나라에서 스위스 독일어 같은 언어가 쓰인다는 점은 다소 뜻밖이다. 슈바이처도이치^{Schweizerdeutsch}, 슈비처뒤치^{Schwyzerdütsch}, 슈비이처뒤치 ^{Schwiizerdütsch}, 슈비처튀치^{Schwyzertütsch} 등으로 불리는 알레만어는 지역마다 다르다. 그러나 지역적 차이의 범위 내에서는 일관성이 있고, 서로 형태는 다르지만 알아들을 수 있다. 스위스 독일어는 고지독일어의 방언이지만, 발음은 저지독일어나 네덜란드어에 더 가깝다.

유럽의 여러 방언은 특정한 사회적·교육적 배경과 관계있다. 그런데 스위스 독일어는 그렇지 않다. 스위스 독일어는 모든 독일계 스위스인이 매일 쓰는 언어이다. 다만 예외적으로 학교와 의회, 그리고 텔레비전 뉴스에서는 고지독일어, 즉 '문어체 독일어^{Schriftdeutsch}'가 쓰인다. 독일어를 구사하는 외국인도 고지독일어를 사용한다. 스위스 독일어는 구어로 인식되지만, 신문과 책에서 스위스 독일어에 해당하는 용어를 쓰는 작가와 언론인도 있다. 현재 스위스에서는 친구에게 전자 우편이나 문자 메시지를 보내지 않는 10대 청소년을 찾아보기 힘들다. 그런 허물없는 의사소통에서는 문자 형태의 스위스 독일어가 쓰인다.

외국인과의 만남은 대부분 영어로 진행될 것이다. 스위스를 방문한 사업가들과 여행자들 모두 언어 소통의 어려움을 명심해야 한다. 설령 스위스인 동료나 동업자가 영어를 유창하게 구사하는 것처럼 보여도 마냥 안심할 수는 없다. 그들이 자기 생각이나 느낌을 반드시 그대로 전달할 수 있는 것은 아니다. 마찬가지로 여러분의 말과 행동을 정확히 해석할 수 있는 것도 아니다. 특히 이 부분은 스위스인들이 우려하는 지점이다. 그들은 의도의 명확한 전달을 중시하기 때문이다.

독일어권 이외의 지역에서 쓰이는 언어를 알아두면 그 지역에서의 사업상 거래에 도움이 될 것이다. 물론 독일어권에서 쓰이는 언어를 알아도 도움이 되겠지만, 스위스 독일어는 문어가 아니라 방언이기 때문에 배우기가 무척 까다롭고, 외국인들은 대부분 문어체 고지독일어를 배운다. 독일계 스위스인들도 언제나 편안하게 고지독일어로 대화할 수 있지는 않다. 많은 독일계 스위스인들은 특히 독일인을 상대로 고지독일어를 쓰는 상황을 싫어한다.

【유머】

미국인과 영국인은 흔히 유머로 딱딱한 분위기를 풀지만, 스위스인은 잘 모르는 사람에게 농담을 던지면서 대화를 시작하지 않을 것이다. 따라서 실제로 상대방이 그렇게 하면 스위스인들은 어떻게 반응해야 할지 모를 것이다. 경우에 따라 상대방에게 놀림을 당하고 있다고 느낄 수도 있다. 게다가 유머는 해석상의 문제가 따르고, 스위스인들은 아예 상대방의 농담을 이해하지 못할 때도 있다. 그렇다고 해서 스위스인들이 큰소리로 웃는 일이 없지는 않으며 기회가 생길 때면 자기 비하적 유머를 구사한다.

사실 그들은 꽤 재치가 있고, 그들의 유머는 예리할 수도 있다. 여러분이 스위스인들의 날카로운 재치에 반응해주는 것만큼 호감을 살 수 있는 방법은 드물다. 일단 스위스인의 유머에 감탄하면 입문 단계에 도달한 셈이다. 그것은 시간이 흐르면서 도달하는 단계이고, 외국인인 여러분이 눈여겨봐야 하는 단계이다. 스위스인들은 자기 입장을 설명해야 하는 상황을 좋아하지 않기 때문에 자신과 사고방식이 같은 사람을 보면 반가워한다. 여러분이 그들의 유머에 호의적으로 반응함으로써 사고방식이 같다는 점을 보여주면 우정을 맺는 데 큰 도움이 될 것이다.

【 의사소통 방식 】

스위스인들은 호감보다 존경을 더 중시한다. 그들의 의사소통 방식에는 이런 성향이 반영되어 있다. 예를 들어 너무 사적으로 접근하는 듯한 인상을 풍기는 미국인과 달리 스위스인은 대화를 나눌 때 냉정하고 냉담한 사람으로 보일 수 있다. 이런 차이는 공손함에 대한 시각차에서 비롯된다.

이미 살펴봤듯이 스위스인들의 경우 사적 관여의 수위는 시간의 흐름에 따라 높아진다. 그것은 신뢰의 문제일 뿐 아니라 적절성의 문제이기도 하다. 공개적인 자리에서 의사소통할 때 그들은 사적인 추가 정보를 얻기 위해 서로의 영역을 침범하지 않는 편이다. 그것은 관심이 부족하기 때문이 아니라 남의 사생활에 너무 참견하는 듯한 인상을 주지 않으려고 하기 때문이다. 스위스인들은 상대방과 친해지기 전에 좀처럼 사적인 질문을 던지지 않을 것이다.

알다시피 스위스인들은 솔직하고 간결한 태도를 무척 중시하기 때문에 퉁명스러운 느낌을 줄 수 있다. 그런 느낌을 받을 때 명심해야 할 스위스인의 의사소통 방식에 관한 한 가지 요점이 있다. 무엇보다 스위스인들은 대립을 꺼린다는 점이다. 그렇다면 스위스인들은 사교적 섬세함 없이 어떻게 대립을 피할 수 있을까? 그리고 일반적으로 스위스인들은 상대방의 어떤 태도를 부담스러워할까?

정치와 사업 분야에서 그렇듯이 성공적인 사회적 관계의 열쇠는 타협과 합의이다. 스위스인들의 기본적인 의사소통 방식에도 당연히 이런 점이 반영되어 있다. 그들은 타인이 자신의 의견에 반드시 동의할 것으로 기대하지 않고, 타인의 시각을 존중한다. 상대방의 말을 주의 깊게 경청하고 심사숙고한 뒤 의견을 제시할 것이다.

하지만 모든 대화가 깊이 있고 심각하지는 않다. 스위스인들이 잡담을 나눌 줄 모른다는 것은 흔한 오해이다. 대부분의 스위스인들은 매우 사적인 주제를 건드리지 않는 한 피상적인 수준의 농담을 주고받는 경향이 있다. 물론 항상 그렇지는 않으며 그런 경향은 변화하는 사회의 특징이기도 하다. 오늘날 새로 등장한 직업인 의사소통 강사들과 스위스 경제 잡지에 실린 기사는 관리자들에게 더 깊은 관계를 맺는 데 필요한 잡담의 가치를 강조하고 있다.

반면 북미인들은 대화를 통해 소속감을 느끼고 상대방과의 공통점을 발견하고 싶은 마음이 간절하다. 북미인에게 공손함이란 공통의 경험을 매개로 타인과 관계를 맺고자 시도하는 것, 그리고 타인에 대한 관심을 표현하는 것을 의미한다. 스위스인에 비해 그들은 상대방의 반응에 더 좌우되는 편이다. 결과적으로 그들의 대화는 대화에 참여하는 사람의 성격에 따라 뜻밖의 방향으로 '춤춘다'고 할 수 있다. 일반적으로 미국인들은 존경보다 호감을 바라고, 사고의 독자성을 존중하기보다 미묘한 방식으로 서로에게 다가가는 편이다. 그들은 관심이나 공감을 표현하는 차원에서 서로에 대해 명확하게 표현할 것이다. 물론 스위스인은 그렇게 하지 않을 것이다. 그들은 절대로 상대방에 대해 무언가를 알고 있는 체하지 않는다.

침묵도 다르게 해석된다. 이를테면 영국인은 대화 도중의 긴 침묵을 불편해할 것이고, 더 이상 논의가 진전되지 않는다고 판단할 것이다. 스위스인은 침묵을 숙고의 표시로 간주할 것이고, 존중의 표현으로 활용할 것이다. 한편 침묵은 상대방의 말에 동의하지는 않지만 굳이 상대방에게 불쾌감을 주고 싶지 않다는 의미일 수도 있다. 어느 경우이든 간에 침묵은 상대방의 견해를 존중하고 기분을 고려하는 것이다.

이런 식의 침묵은 다소 난해해 보일 수 있다. 외국인의 입장에서 스위스인과의 대화를 어떻게 시작해야 할지 모르면 쉽게 입이 떨어지지 않을 것이다. 몇 가지 요령이 있다. 스위스를 비판하지 말아야 한다. 군대와 관련한 질문은 금물이다. 서먹서먹한 분위기를 풀려고 농담을 던지면 곤란하다. 대신에 세계적인 사건이나 최근의 국민투표 같은 폭넓은 시사 문제에 대한 관심을 드러내는 편이 낫다. 스위스인들은 시사 상식이 뛰어난 편이다. 대체로 그들은 대부분의 시사 문제에 대한 뚜렷한 의견을 갖고 있다. 아마 그것은 직접 민주주의라는 정치적 배경 때문일 것이다. 매년 열리는 국민투표에서 제대로 한 표를 행사하려면 늘 시사 문제를 꿰뚫고 있어야 한다. 스위스인들은 다른 문화에 대한 관심이 무척 많고, 여러분의 나라에 대해서 기꺼이 알고 싶어 할 것이다. 비록 사소해 보이지만 날씨도 모두가 공감하는 가벼운 주제이다. 날씨 이야기를 불편해하는 사람은 없고, 날씨를 거론하다 보면 다른 주제로 넘어가기도 쉽다. 무언가를 설명할 때 스위스인들은 표정으로 여러분의 반응을 판단할 때가 많을 것이다. 긍정의 몸짓과 손짓은 더 깊은 대화에 보탬이 된다.

스위스 기업에서 효율성은 가장 중요한 요소이고, 효율성을 달성할 수 있는 최선의 방법은 요청을 하거나 지시를 내릴 때

솔직한 태도를 견지하는 것이다. 예를 들어 스위스 회사의 영국인 임원은 예의상 완곡한 지시를 내린 뒤 만족스러운 결과를 얻을 수 있을지 모르지만, 스위스인 직원들은 지시의 긴급성과 의도를 제대로 가늠하기 어려울 것이다. 마찬가지로 스위스에 거주하는 외국인은 직장에서 일어나는 퉁명스러운 의사소통 때문에 기분이 상할 수 있다. 스위스인 특유의 무뚝뚝함을 개인적인 공격으로 받아들이지 말기 바란다. 여러분의 스위스인 동료들은 절대 그런 의도로 말하지 않았을 것이다.

텔레비전, 라디오, 전자 매체

스위스방송협회[SRG] SSR는 스위스 최대의 전자 매체 공급자이다. 7개의 텔레비전 채널과 18개의 라디오 방송국을 보유하고 있다. 웹 사이트와 문자 다중방송 서비스도 제공한다. 정치, 문화, 사회, 스포츠 분야의 뉴스를 전달한다. 장편 영화, 시트콤, 라디오 드라마, 쇼, 토론 같은 오락물도 방송 편성에서 중요한 부분이다. SRG SSR의 프로그램은 전국적으로 방송되지만, 기본적으로 개별 언어권(독일어권인 도이치슈바이츠, 프랑스어권인 스위스 로만디, 이탈리아어권인 스비체라 이탈리아나, 로만슈어권인 주비츠라 루만차)을 고려해 제작된다. 스위스인포, 즉 스위스국제라디오[SWI]는 국내외 청취자 대상의 프로그램을 영어를 비롯한 9개 언어로 방송한다. 국내 뉴스뿐 아니라 국제 뉴스도 다루는 영어 웹사이트의 인터넷 주소는 http://www.swissinfo.ch이다.

신문과 잡지

독일어권과 프랑스어권에서 가장 권위 있는 신문은 각각 〈타게스안차이거〉와 〈르 탕〉이다. 〈빌란츠〉와 그 프랑스어판인 〈빌랑〉은 유명한 월간 경제지이다. 프랑스어권에는 '로만디다움[Romandieness]'에 대한 의식을 고취하는 잡지 〈에브도〉('주 1회'라는 뜻)가 있다. 〈스위스뉴스〉는 영어를 쓰는 독자들에게 스위스에 관한 소식을 보도하는 전국 단위의 영문 월간지이다. 취리히와 제네바에는 각각 영문 잡지인 〈크림〉과 〈GEM〉이 있다.

통신 서비스

【 전화 】

전화 시스템은 전화망을 관리하는 스위스콤^{Swisscom}이 운영하지만, 상대적으로 저렴한 요금 방식을 제시하는 다른 전화회사와 계약해도 된다.

대다수 스위스인들은 이동전화를 갖고 있기 때문에 공중전화는 일종의 희귀한 물건으로 전락했고, 기차역과 공항과 우체국, 그리고 행인들로 붐비는 구역에서만 눈에 띌 것이다. 공중전화를 쓸 때는, 우체국과 신문가판대와 스위스콤 매장에서 구입할 수 있는 전화카드(택스카드^{Taxcard})가 필요할 것이다.

통화에서는 인사와 이름이 중요하다. 독일계 스위스인들은 전화를 받을 때 상대방이 전화를 제대로 걸었는지 확인할 수 있도록 본인의 성씨를 먼저 말한다. 전화를 걸 때는 용건을 말하기 전에 본인의 이름을 밝히는 것이 순서이다. 어떤 사람들은 전화번호를 문의할 때도 안내원을 존중하는 뜻에서 이름을 먼저 밝히기도 한다.

주요 도시의 지역번호	
바젤	(0) 61
베른	(0) 31
로잔	(0) 21
루체른	(0) 41
제네바	(0) 22
장크트갈렌	(0) 71
취리히	(0) 1 (점차 043번과 044번으로 대체되고 있다.)
알아두면 유익한 전화번호	
국내전화 안내 서비스	111
외국인 지원	1159
범죄 신고	117
화재	118
긴급 의료지원	144
국제전화 안내 서비스	1141
관광 정보	(0) 1 288 11 11

예를 들어 진료 시간을 예약하려고 병원에 전화를 거는 경우를 가정해보자. 접수원은 이렇게 말할 것이다. "슈미트 박사의 병원입니다. 저는 베버입니다." 물론 이것은 독일어권 병원의 직원들이 전화를 받는 방식이다. 환자인 여러분은 베버 부인에게 영어를 할 줄 아는지 물어봐도 무방하지만, 그 전에 이

름을 밝히는 것이 중요하다. 본격적인 대화를 시작하기 전에 이름을 밝히는 것은 일반적인 관행이다. 이름을 밝히면 베버 부인은 여러분의 이름을 부르면서 말을 이을 것이고, 아마 영어를 '조금' 할 줄 안다고 대답할 것이다. 걱정할 필요 없다. 조금이라는 표현은 대부분 매우 유창하다는 뜻이다. 아마 영어로 무난하게 의사소통할 수 있을 것이다.

전화를 받을 때 프랑스어권에서는 "알로", 이탈리아어권에서는 "프론토"라고 말한다. "여보세요"라는 뜻이다.

스위스의 국제전화 국가번호는 00 41이다.

【우편】

우편 제도는 무척 효율적이고 믿을 만하다. 일반적으로 우체국의 영업 시간은 월요일부터 금요일에는 오전 7시 30분부터 정오까지, 그리고 오후 1시 30분이나 1시 45분부터 오후 6시까지이다. 토요일에는 오전 7시 30분부터 오전 11시까지

이다. 규모가 작은 도시나 마을의 경우에는 영업 시간이 제한될 수 있다. 대도시의 주요 우체국은 점심시간에도 영업하고, 또한 급한 용무가 있는 사람들을 위해 정규 영업 시간 외의 추가 서비스를 제공한다. 월요일부터 토요일까지의 추가 영업 시간은 오전 6시 30분부터 7시 30분까지, 그리고 오후 6시 30분부터 8시 30분이나 11시까지이다. 일요일의 추가 영업 시간은 대략 오전 11시부터 오후 10시 30분까지이다. 일부 소도시의 우체국도 추가 서비스를 제공하고, 추가 영업 시간은 보통 우체국 건물 바깥쪽에 게시되어 있다.

대부분의 우체국은 편지와 소포를 취급한다. 우체국 이용자는 전화 카드, 폐기물 배출용 스티커, 자동차세 납부 스티커

• 외국에서 스위스로 보내는 편지의 주소 작성법 •

Herr (귀하)Thomas Schneider (토마스 슈나이더)Stationsstrasse 29 (슈타티온슈트라세 29번지)CH-8306 Brüttisellen (브뤼티젤렌 CH-8306) Switzerland (스위스)

등도 구입하고, 우편 대체 결제 서비스를 통해 각종 요금을 납부할 수 있다. 비교적 규모가 큰 우체국에서는 사무용품, 엽서, 소형 장난감 따위를 판매할 수도 있다.

스위스 국내의 다른 지역으로 우편물을 보낼 때는 국가 식별 부호인 CH나 국가명을 쓸 필요가 없다. 도로명을 쓴 뒤 바로 다음 줄에 지명을 쓰는 것이 중요하다. 도로명과 지명 중간에 한 줄을 띄어 놓으면, 선별기가 주소를 읽어내지 못할 것이다. 보내는 사람의 주소는 봉투 앞면의 좌측 상단 모서리나 뒷면에 쓴다.

결론

특정 국가와 국민을 이해하는 최선의 방법은 적극적인 경험에서 느낀 감동의 조각을 하나씩 끼워 맞추는 것이다. 감동은 흔히 생활방식의 비교로 이어진다. 그리고 해당 국가의 문화를 새롭게 조명할 뿐 아니라 우리의 기존 견해도 다시 점검하는 계기가 될 수 있다.

언젠가 마크 트웨인은 농담조로 이렇게 말했다. "스위스는

세계 문화 여행 _ **스위스**

그저 두꺼운 풀 가죽에 덮여 있는 커다랗고 울퉁불퉁하고 단단한 바위이다." 물론 그 바위 덩어리에는 세계에서 가장 웅장한 몇몇 산이 포함된다. 아울러 유럽 한가운데의 고지대 목초지에서 발전한 사회적 기반 시설은 타의 추종을 불허한다.

마크 트웨인은 사실 스위스에 아름다운 경치와 질서 정연한 사회 이외의 더 심오한 요소도 있다는 점을 알고 있었다. "몇 세기 내내 여기서 벌어진 투쟁은 특정 가문이나 교회의 이익이 아니라 국민 전체의 이익을 위해, 그리고 모든 형태의 믿음을 지키기 위해 일어난 것이었다."

장크트모리츠 남동부의 그라우뷘덴주에 있는 장크트모리츠는 스위스의 대형 리조트 가운데 하나이다. 이 리조트는 장크트모리츠라는 이름이 상표로 등록되고 국제적으로 저작권을 보호받을 만큼 유명한 곳이다. 상부 엥가딘 계곡 한가운데의 해발 고도 1,853m 지대에 위치한 장크트모리츠의 '건조하고 햇빛이 반짝이는 멋진 기후'는 명성이 자자하다. 햇빛이 나는 날이 매년 평균 322일이라고 한다.

다보스 장크트모리츠와 마찬가지로 그라우뷘덴주에 속한 다보스는 스키 리조트로 유명한 만큼 해마다 세계 각국의 거물급 정재계 인사들이 참석하는 세계 경제포럼의 개최지로도 널리 알려져 있다. 아주 크고 사방으로 뻗어 있는 이 리조트에는 스키 애호가 수준에 맞는 다양한 슬로프가 있다. 바이스플루기펠에서 퀴블리스로 이어지는 표고차 2,000m, 전체 길이 14.5km의 슬로프는 최고난도를 자랑한다.

클로스터스 다보스 근처의 프레티가우 계곡에 위치해 있다. 클로스터스라는 이름은 13세기에 여기에 수도원(독일어로 수도원은 Kloster이다 - 옮긴이)을 세웠다는 사실에서 유래했다. 다보스보다 규모가 작고 도시 분위기가 덜하지만, 독일의 귀족뿐 아니라 영국의 왕족도 즐겨 찾는 곳이다.

그슈타트 여행을 좋아하는 부유층이 즐겨 찾는 리조트인 그슈타트는 베르네제 오버란트에 있다. 슬로프는 비교적 경사가 완만하지만, 사람들이 여기로 오는 데는 스키 이외의 목적도 있다. 이곳은 타인의 시선을 즐기기 위한 곳이기도 하다. 스키를 탈 수 있을 만큼 눈이 내리지 않을 때는 쇼핑을 즐기면 된다.

뮈렌베르네제 오버란트의 라우터브루넨 계곡을 내려다보는 암봉(岩棚) 위에 멋지게 자리 잡고 있는 뮈렌은 쉴트호른산의 경사면에 가장 가까운 리조트이다. 여기서는 1년 내내 해발 고도 3,050m 이상에서 스키를 탈 수 있다. 활강과 회전 활강 종목은 1920년대에 이곳에서 개발되었다. 뮈렌은 현대 알파인 스키의 발상지로 평가된다.

벵엔(벤겐) 베르네제 오버란트의 한가운데에 있으며 인근의 샤이데크와 그린델발트와 함께 방대한 스키 슬로프를 공유하고 있다. 샤이데크와 그린델발트는 그 유명한 아이거 북벽의 배경이다. 차 없는 마을인 벵엔은 해마다 열리는 활강 스키 월드컵 대회의 개최지로 유명하다.

인터라켄 오버란트 지역 산악 철도망의 중심지에 위치한 인터라켄은 거대한 융프라우산의 놀라운 경치를 감상할 수 있는 곳이다. 이곳에는 미국인과 일본인 관광객, 그리고 최근에는 인도인 관광객으로 붐빈다. 인도 영화계가 가장 선호하는 촬영지 중 하나가 되었기 때문이다.

체르마트 스위스에서 가장 유명한 산악 리조트인 체르마트는 겨울철 알프스 산맥에서 가장 오랫동안 스키를 즐길 수 있는 곳이다. 스위스 남서부 발레주의 거대한 마터호른산 기슭 고원에 자리 잡고 있다. 주변의 여러 슬로프에서 타는 스키는 환상적이다. 체르마트는 스키 후에 즐기는 사교활동으로도 명성이 자자하다.

아로자 그라우뷘덴주의 도시 쿠어 남동쪽에 위치한 아로자는 다른 리조트의 요란함과 화려함을 뒤로하고 한숨 돌릴 수 있는 곳이다. 이곳은 넓은 중급 슬로프를 갖춘 가족 중심적인 소규모 스키 구역이다.

베흐비에 발레주의 도시 마흐티니 근처에 위치한 스위스 프랑스어권의 보석 같은 곳인 베흐비에는 여러 개의 선수급 슬로프 덕분에 즐거움을 만끽할 수 멋진 리조트이다.

크랑몽타 나시에르 위쪽에 위치해 있으며 남쪽의 론강 계곡을 바라보는 양지바른 고원에 자리 잡고 있다. 여기서는 마터호른산과 몽블랑산의 눈부신 경치를 감상할 수 있다.

레포르트뒤솔레이 이 광대한 지역은 프랑스와 스위스의 국경선에 걸쳐 있다. 여기에는 14개의 리조트, 209개의 승강기, 288개의 슬로프, 243km의 크로스컨 트리 스키 코스, 9개의 눈썰매장이 있다.

레디아블르레 알프스 보두아의 소규모 리조트이다. 빙하 스키를 즐길 수 있고, 건축가 마리오 보타가 설계한 해발 고도 3,000m에 위치한 식당인 보타 3000 레스토랑을 이용할 수 있다. 이곳의 경치는 독특하다. 여기에는 미식가의 입맛을 사로잡는 식당뿐 아니라 손님이 직접 음식을 가져다 먹는 간이식당도 있다.

다음은 스위스의 유명인들이다.

장 자크 루소(1712~1778년) 프랑스에서 제네바로 피신한 개신교 가정에서 태어난 철학자 겸 저술가

자크 네케르(1732~1804년) 제네바 출생의 금융인 겸 정치가. 루이 15세 밑에서 프랑스의 재정 개혁을 이끌었다. 그의 사임은 바스티유 감옥 습격 사건의 직접적인 원인이었다. 스탈 부인의 아버지이다.

요한 하인리히 페스탈로치(1746~1827년) 취리히에서 태어난 교육 개혁가. 그의 견해는 근대 초등교육의 토대가 되었다.

마리 그로스홀츠 투소(1760~1850년) 밀랍 모형 제작자. 그녀는 1762년부터 파리에서 밀랍 인형 박물관을 운영했던 삼촌 J. C. 쿠르티우스에게 밀랍 모형 만드는 법을 배웠다. 투소는 공포정치 기간에 투옥되었고, 여러 유명인들의 잘린 목을 본떠 밀랍 모형을 만들었다. 1802년에 쿠르티우스의 박물관을 물려받은 뒤 런던으로 이주했다. 런던에서 오늘날에도 남아 있는 마담 투소 박물관을 열었다.

고트프리트 켈러(1819~1890년) 소설가, 시인, 단편소설 작가. 대표작으로는 『초록의 하인리히』가 있다.

요하나 슈피리(1827~1901년) 소설가. 대표작으로는 아동서 『하이디』가 있다.

앙리 뒤낭(1828~1910년) 제네바에서 출생한 박애주의자 겸 국제적십자의 설립자

페르디난트 호들러(1853~1918년) 화가 겸 석판화 작가

라이너 마리아 릴케(1875~1926년) 서정시인 겸 소설가. 20세기의 가장 영향력 있는 문인 가운데 한 사람이다. 프라하 출생으로 1919년에 스위스로 건너왔고, 몇 년 뒤 스위스 국적을 얻었다.

고틀리프 두트바일러(1888~1962년) 미그로 협동조합의 창업자

조피 토이버아르프(Sophie Taeuber-Arp), 1889~1943년 화가, 조각가, 공예가. 남편인 장 아르프(Jean Arp)와 함께 1918년의 다다 선언(Dada Manifesto)을 작성했다. 가장 탁월한 구성주의 예술가 중 한 사람으로 다양한 분야에 영향을 미쳤다.

장 피아제(1896~1980년) 심리학자 겸 아동 지능 분야의 개척자

알베르토 자코메티(Alberto Giacometti), 1901~1966년 스탐파(Stampa, 스위스의 알프스 지역이므로 '슈탐파'로 표기해야 할 듯하지만, 구글에는 '스탐파'라는 용례밖에 없습니다 - 역자) 태생의 조각가 겸 화가. 파리에서 초현실주의에 입문해 상징적이고 추상적인 구성을 내놓았고, 나중에는 홀쭉하고 딱딱하고 전율하는 듯한 인물상이라는 독특한 스타일을 선보였다.

막스 프리쉬(1911~1991년) 소설가 겸 극작가. 1955년 이후 유럽의 가장 영향력 있는 문인 중 한 사람으로 인정받았다. 『슈틸러』, 『호모 파베르』, 『나를 간텐바인이라고 하자』 같은 소설에서 개인의 정체성을 탐구하는 데 관심을 쏟았다. 대표적인 희곡 작품은 『비더만과 방화범들』과 군중심리를 치밀하게 파고든 『안도라』이다.

엘리자베스 퀴블러 로스(1926~2004년) 스위스 태생의 미국인 정신과 의사. 취리히대학교에서 의학을 공부한 뒤 죽음과 죽음에 이르는 과정을 연구하는 생사학(生死學) 분야의 선구자가 되었다.

프리드리히 뒤렌마트(1921~1990년) 제2차 세계대전 이후의 유명한 극작가 겸 평론가. 부조리극과 관련해 자주 언급되는 인물이다.

루트 드라이푸스(1940년~) 1999년 1월 스위스 최초의 여성 대통령에 당선된 인물

베르트랑 피카르(1958년~) 과학자 겸 탐험가. 재급유 없이 지구를 무착륙으로 일주한 최초의 열기구 조종사

에르네스토 베르타렐리(1965년~) 스위스 요트 대표 팀인 알링기를 이끌고 제31회 아메리카스컵에서 우승한 인물. 덕분에 유럽은 152년 만에 처음으로 우승컵을 차지했다.

지모네 니글리루더(1978년~) 오리엔티어링 선수. 세계선수권대회에서 총 네 개의 여성 종목을 두 차례나 석권했다.

마르티나 힝기스(1980년~) 테니스 선수. 체코슬로바키아에서 태어나 어릴 적에 스위스로 이주했다. 16세 때인 1997년에 테니스 역대 최연소 세계 랭킹 1위에 올랐다.

로저 페더러(1981년~) 바젤에서 태어난 프로 테니스 선수. 흔히 테니스 역사상 최고의 선수로 평가된다.

유용한 앱

Local.ch 스위스 전화번호부 역할을 하는 만능 앱이다. 식당, 호텔, 와이파이 장소, 은행을 찾을 때 쓸 수 있다.

포스트버스 스위스(PostBus Switzerland) 대중교통을 이용하는 스위스 여행 경로를 짤 때 필요한 일괄 서비스 앱이다. 시작 버튼과 행선지를 누르기만 하면 사용자가 가장 선호하는 교통수단에 따른 가장 빠르고 저렴한 경로를 알려준다.

퍼블리바이크(PubliBike) 자전거 공유 서비스인 퍼블리바이크의 자전거나 전기자전거를 빌릴 때 쓰는 앱이다. 현재, 베른, 프리부르, 라 코트(La Côte), 루가노, 로잔, 시에레, 시옹, 취리히 등지에서 퍼블리바이크의 서비스를 이용할 수 있다. 은행카드로 결제방식을 설정한 뒤, 이 앱을 이용해 가장 가까이에 있는 자전거의 위치를 알아낸 다음, 자전거의 자물쇠를 열어 타고 가면 된다.

레가(Rega) 스키나 등산과 관련한 앱도 있다. 스위스의 항공구조대인 레가의 도움을 요청할 수 있는 이 앱을 내려받으면 어떨까? 이 앱을 설치하고 GPS 기능을 활성화해놓은 뒤 위급 상황에서 더블클릭하면 레가가 즉시 사용자의 위치를 알아낼 것이다.

스위스인포(Swissinfo.ch) 스위스 유수의 미디어 플랫폼에서 쏟아내는 최신 뉴스와 기사를 이용해보자. 10개 언어로 이용 가능한 이 앱을 쓰면 스위스와 관련한 정치, 경제, 예술, 과학 등의 분야의 최신 동향을 한눈에 파악할 수 있다.

스위스 모빌리티(Switzerland Mobility) 야외활동을 좋아하는 사람들에게 요긴한 이 앱을 깔면 등산로, 자전거길, 겨울 야외활동 장소 등이 표시된 지도를 이용할 수 있다. 지도에는 호텔과 자전거 수리점 같은 관심 지점과 대중교통 정류장도 표시되어 있다.

스위스 파크스(Swiss Parks) 스위스의 여러 공원에 있는 최적의 등산로와 자전거길을 검색하고 싶은 사람은 이 앱을 깔면 된다. 인근의 휴게소, 식당, 그리고 자연적, 문화적 볼거리뿐 아니라 썰매장과 실내 스케이트장 같은 가족 단위로 즐길 수 있는 다양한 시설에 관한 정보가 담겨 있다.

참고문헌

Bewes, Diccon. *Slow Train to Switzerland: One Tour, Two Trips, 150 Years and a World of Change Apart*. London: Nicholas Brealey, 2017.

Bewes, Diccon. *Swiss Watching: Inside the Land of Milk and Honey*. London: Nicholas Brealey, 2018.

Church, C., Randolph H. *A Concise History of Switzerland*. Cambridge: Cambridge University Press, 2013.

Dahinden, Martin. *Beyond Muesli and Fondue: The Swiss Contribution to Culinary History*. Booklocker, 2018.

Halbrook, Stephen. *The Swiss & the Nazis: How the Alpine Republic Survived in the Shadow of the Third Reich*. Philadelphia: Casemate, 2010.

Kucholl, Vincent. *Swiss Democracy in a Nutshell*. Basel: Bergli Books, 2014.

Nappey, Gregoire. *Swiss History in a Nutshell*. Basel: Schwabe Publishing, 2010.

O'Dea, Claire. *The Naked Swiss: A Nation Behind 10 Myths*. Basel: Bergli Books, 2016.

Panozzo, Chantall. *Swiss Life: 30 Things I Wish I'd Known*. Opyd Press, 2014.

지은이

켄들 헌터

캐나다의 자유계약 언론인이자 작가, 사진가 겸 기업가로 캘거리 대학교 정치학과를 졸업했으며 남아프리카공화국, 잉글랜드, 웨일스, 스위스 등지에서 살았다. 첫 번째 저서 『검은 택시: 남아프리카공화국을 찍다(Black Taxi: Shooting South Africa)』에는 그녀가 남아프리카공화국 최초의 민주적 선거가 열렸던 해에 요하네스버그에서 촬영한 보도 사진이 담겨 있다. 이후 취리히에서 10년 동안 살면서 스위스인과 결혼하여 두 딸을 두었고, 스위스 주재 외국인 양육 전문 잡지에 정기적으로 칼럼을 기고했다. 현재 토론토에 살고 있으며 크라우드소싱을 통해 개발된 문화 중심의 세계 여행 애플리케이션인 컬처독을 개발하였다.

옮긴이

박수철

고려대학교 서양사학과를 졸업하였으며, 현재 번역 에이전시 엘코리아에서 출판기획 및 전문 번역가로 활동하고 있다. 옮긴 책으로는 『역사를 바꾼 위대한 장군들』, 『열정, 몰입, 혁신이 넘치는 신뢰 주식회사』, 『창조성, 신화를 다시 쓰다』, 『5분 철학: 누구나 궁금해하지만 답할 수 없는 80가지 이야기』, 『1434: 중국의 정화 대함대, 이탈리아 르네상스의 불을 지피다』, 『돈의 거의 모든 것: 돈의 복잡한 시스템을 한 권으로 이해한다』, 『하우스 스캔들: 은밀하고 달콤 살벌한 집의 역사』 등 다수가 있다.

세계 문화 여행
시리즈

세계의 풍습과 문화가 궁금한
이들을 위한 **필수 안내서**